小男神养成记

高佰平 编著

哈尔滨出版社
HARBIN PUBLISHING HOUSE

图书在版编目（CIP）数据

小男神养成记：专供版／高佰平编著.—哈尔滨：
哈尔滨出版社，2018.2
　ISBN 978-7-5484-3610-2

Ⅰ．①小… Ⅱ．①高… Ⅲ．①男性－青春期－健康教育 Ⅳ．①G479

中国版本图书馆CIP数据核字（2017）第195225号

书　　　名：	小男神养成记：专供版

作　　　者：高佰平　编著
责任编辑：张　薇　滕　达
责任审校：李　战
装帧设计：上尚装帧设计

出版发行：哈尔滨出版社（Harbin Publishing House）
社　　址：哈尔滨市松北区世坤路738号9号楼　　邮编：150028
经　　销：全国新华书店
印　　刷：哈尔滨市石桥印务有限公司
网　　址：www.hrbcbs.com　　www.mifengniao.com
E-mail：hrbcbs@yeah.net
编辑版权热线：（0451）87900271　87900272
销售热线：（0451）87900202　87900203
邮购热线：4006900345（0451）87900345　87900256

开　　本：787mm×1092mm　　1/16　　印张：17　　字数：219千字
版　　次：2018年2月第1版
印　　次：2018年2月第1次印刷
书　　号：ISBN 978-7-5484-3610-2
定　　价：42.00元

凡购本社图书发现印装错误，请与本社印制部联系调换。　　服务热线：（0451）87900278

前言

智慧的人生无疑是人生的最高境界。若要达到这样的境界，绝非易事，却也有章可循，有路可走。总结起来，不外乎以下三条：一是不断学习，二是勇于实践，三是善于总结。

人生中，每时每刻都上演着精彩绝伦的故事。当然，生活中更少不了故事，总有那么多好的故事值得我们珍惜，让我们懂得道理。

本书精选了数百个小故事，书中的故事都来自历史或现实生活，通俗易懂，将许多人生哲理以最简单、最直接的方式呈现给我们，为我们揭开理论的迷雾，直入我们的心灵。每则故事之后均附有一条清新隽永的心智启迪，更是启人心智，读来有醍醐灌顶之感，让人回味无穷。

每个故事都是一次奇遇，用心感受，会有属于自己的惊喜！故事不是用来寻找答案的，也不是用来解决问题的，它是用来感悟生命的。

所以，无论是声名显赫的成功人士，还是普通的教师、家长，在讲述人生哲理时总喜欢引用一些脍炙人口的故事来佐证自己的观点。而对于年轻读者，尤其是极力想从一个顽皮小子转变成男子汉的读者来说，一分钟的小故事常常比一个小时的道理说教更有效。

我们相信，读过这本书，每个男孩都会惊呼："是它让我明白了生活中的很多真谛，教我做一个富有爱心、热爱学习、积极向上的人；做一个诚实守信、脚踏实地的人；做一个心胸宽广、谦逊有礼的人；做一个有理想、有智慧的人……"

最后，衷心感谢王伟华、王秀荣、王苹、武秀红、郗祥倩、肖映菁、徐霖、杨喜鸿、张洁、张荣川、张晓雅、吉拥泽、李庆玲、刘丽娟、徐晶等老师和朋友协助并参与本书的创作。没有你们的帮助，我不可能在紧张的工作之余顺利完成这部作品。

目录 / CONTENTS

前言 / 001

第一章 良好习惯
——男子汉的"基本功"

1. **珍惜时间** / 002
   挤出来的时间 / 002
   时间最宝贵 / 003
   装在箱子里的时间 / 004
   最宝贵的生日礼物 / 005
   一堂珍贵的体育课 / 006
   与众不同的实验 / 007

2. **认真学习** / 009
   用知识武装自己 / 009
   知识就是财富 / 010
   学习可以改变你的命运 / 011
   陶醉于书的海洋 / 012
   向成功者学习 / 013
   别让你的大脑睡懒觉 / 014

　　　　名人的成功秘诀 / 015
　　　　两个和尚 / 015
　　　　勤能补拙 / 016
　　3. 知错就改 / 019
　　　　卢梭的故事 / 019
　　　　批评是块宝 / 020
　　　　有勇气否定自我 / 021
　　　　为自己闯的祸埋单 / 021

第二章 个性修为
——男子汉的"新名片"

　　1. 关爱他人 / 024
　　　　有爱就有了一切 / 024
　　　　钉钉子 / 025
　　　　住宿 / 026
　　　　爱的鼓励 / 027
　　　　关爱别人就是关爱自己 / 028
　　　　穷人与医生 / 029
　　2. 脚踏实地 / 030
　　　　付出就有回报 / 030
　　　　脚踏实地的力量 / 031
　　　　踏实诚恳 / 032
　　　　初出茅庐 / 033
　　　　成功之路 / 034
　　3. 宽宏大量 / 036
　　　　战友 / 036
　　　　宽容的力量 / 037
　　　　宽容的回报 / 038
　　　　一封信 / 038

宽容为怀,慈悲为本 / 039

4. **谦逊有礼** / 041

   谦逊的画家 / 041

   虚心的态度最可贵 / 042

   学会尊重他人 / 043

   礼貌的力量 / 044

   生活中的小事 / 045

   生命中的贵人 / 047

5. **诚实守信** / 050

   真诚的话语 / 050

   一诺千金 / 051

   伟大的商人 / 052

   帕尔克和杰米 / 053

   季布的故事 / 054

   成功源于诚实 / 055

   诺言无价 / 056

   诚实的推销员 / 057

   一个律师的原则 / 059

   铁匠和木匠 / 060

   逃亡中的惊喜 / 061

6. **感恩戴德** / 063

   一个骑士的故事 / 063

   爱踢足球的男孩 / 064

   金钱并非万能 / 065

   男孩的呼唤 / 066

   富人与落难男子 / 066

   考试 / 068

   感恩是一种动力 / 069

   感恩图报 / 069

甜美的葡萄 / 070
小男孩买画 / 072

7. **至诚孝顺** / 074
孝行天下 / 074
芦衣顺母 / 075
一个感人的故事 / 076
子路借米 / 077
爱子之切 / 078

8. **志存高远** / 079
最初的梦想 / 079
天文才子 / 080
证明自己的实力 / 082
寻梦之旅 / 084
"疯狂"的追梦人 / 085
一生的志愿 / 087
找准适合自己的目标 / 088

第三章 聪明机智
——男子汉的"营养剂"

1. **有勇有谋** / 092
看穿真相 / 092
通过别人看自己 / 093
机智过人的臧孙子 / 095
做事不能冲动 / 096
主动去接触 / 097
表面不可靠 / 098
言出必行 / 099
无心的"小动作" / 100
适合自己的成功之道 / 101

2. **巧言智辩** / 102
   聪明的剧作家 / 102
   说话应把握良机 / 103
   间接说话的艺术 / 104
   墨子的故事 / 105
   电话邀请 / 107
   巧言解危机 / 108
   聪明的仆人 / 109
   成功的诀窍 / 111
   精彩的辩护 / 112
   一句话的强大力量 / 113
   游说规则 / 114
3. **急中生智** / 116
   猎人与燕子 / 116
   机智脱险 / 117
   学会藏拙 / 117
   有计可施 / 119
   "听不懂"的策略 / 120
   大臣与理发师 / 121
4. **随机应变** / 123
   用上所有的力量 / 123
   幽默也是一种方法 / 124
   酒会上的尴尬一幕 / 124
   比富 / 125
   弦外之音 / 126
5. **糊涂智慧** / 128
   宴会上的洗手水 / 128
   狄仁杰的"糊涂" / 129
   新主管的酒后致辞 / 129

教授与疯子 / 130
逃过杀身之祸的王羲之 / 131
聪明的小鸭子 / 132
不完整的圆 / 133
"傻乎乎"的流浪汉 / 134
揣着明白装糊涂 / 134

第四章 交朋识友
——男子汉的"潜资源"

1. **摒弃孤立** / 138
   羊和狐狸 / 138
   实验 / 139
   不做孤行者 / 140
   朋友是最好的领路人 / 141
   探险奇遇 / 142
   多个朋友多条路 / 143

2. **经营友情** / 146
   收集"石头" / 146
   交"一个半朋友" / 147
   交友的价值 / 148
   朋友贵在相知 / 149
   巧识生命中的贵人 / 150

3. **交友智慧** / 152
   结交优秀的朋友 / 152
   真挚的友谊 / 153
   泥土的芳香 / 153
   热茶 / 154

第五章 取舍艺术
——男子汉的"太极拳"

1. **权衡得失** / 156
    轮船上的老人 / 156
    石头与黄金 / 157
    老人与鞋子 / 158
    选择 / 158
    "这是件好事" / 159
    有失必有得 / 160
    取舍的艺术 / 161
    适时舍弃也是一种智慧 / 162
2. **以退为进** / 164
    买卖 / 164
    三幅画 / 165
    后退两步的世界 / 166
    晋升 / 167
    退一步的天空更美丽 / 168

第六章 拼搏创造
——男子汉的"阳刚气"

1. **勇于探索** / 172
    商人之道 / 172
    伦克与巴克 / 173
    动物们的谈话 / 174
    菜园里的石头 / 175
2. **打破陈规** / 176
    换购 / 176
    "奇怪"的苹果 / 177
    科技馆扭亏为盈的秘密 / 177

　　小游戏中的大智慧 / 178
　　小男孩的答案 / 179
　　一辈子就为出一次彩 / 180
3. **审时度势** / 182
　　被铁链套住的猩猩 / 182
　　战争年代富有的化妆师 / 183
　　双赢的秘密 / 184
4. **适时分析** / 186
　　聪明的吉米 / 186
　　奇特的减肥方法 / 187
　　机智的将军 / 187
　　商人的智慧 / 189
5. **善于创造** / 190
　　肥皂的起源 / 190
　　方便面的诞生史 / 191
　　第一架飞机 / 192
　　一粒米 / 193
　　可乐之父 / 194
　　聪明的装修工 / 195

第七章 创新思维
——男子汉的"方向盘"

1. **居安思危** / 198
　　战争中富有的商人 / 198
　　锅里的青蛙 / 199
　　老虎和狮子 / 199
2. **创新能力** / 201
　　灵感 / 201
　　把帽子摘掉 / 202

莱克和狱警 / 203
摆脱思维枷锁的束缚 / 204
建造自己的"王国" / 205

3. 开拓思维 / 207

商人的先进思维 / 207
不同的要求 / 208
只钓小鱼的老者 / 209
奇怪的老母鸡 / 209
钱是赚来的,而不是攒下来的 / 210

第八章 超越自我
——男子汉的"助推剂"

1. 相信自己 / 214

培养自己的专长 / 214
信心无价 / 215
卖锅盔 / 216
"炸"出来的财富 / 218
告诉自己:我行 / 219
自己的意志最重要 / 220
三颗糖果 / 221
抉择 / 222

2. 直面失败 / 223

大不了从头再来 / 223
失败是一种天然的养料 / 224
感谢生命中的考验 / 225
五次面试 / 226
失败了再爬起来 / 227
为自己争取一个希望 / 228
永不言败 / 229

　　　水泉 / 230
3. **坚守信念** / 232
　　　张晓明的志愿 / 232
　　　取胜的法宝 / 233
　　　坚持到底就是胜利 / 234
　　　可贵的精神 / 235
　　　不要轻易放弃 / 236
　　　生命的养料 / 237
4. **勇往直前** / 239
　　　人生台阶 / 239
　　　塑造新的自我 / 239
　　　选择不断成功 / 241
　　　用微笑应对灾难 / 242
　　　精诚所至，金石为开 / 244
　　　走自己的路 / 246
5. **立即行动** / 248
　　　你必须行动起来 / 248
　　　不能光做"思想家" / 249
　　　知道不如做到 / 250
　　　想到不如做到 / 251

第一章

良好习惯
——男子汉的"基本功"

1. 珍惜时间

挤出来的时间

鲁迅是伟大的思想家、革命家、文学家。他之所以有如此大的成就，最重要的原因之一就是珍惜时间。可以说，鲁迅的一生都是在拼时间。

鲁迅12岁在绍兴读私塾的时候，父亲正患着重病，两个弟弟年纪尚幼，鲁迅不仅要经常上当铺、跑药店，还得帮助母亲做家务。为了不影响学业，他必须做好精确的时间安排。鲁迅几乎每天都在挤时间。

在鲁迅的眼中，时间就如同生命。他说过："时间，就像海绵里的水，只要你挤，总是会有的。"鲁迅读书的兴趣十分广泛，又喜欢写作，他对民间艺术，特别是传说、绘画，也深切爱好；正因为他广泛涉猎，多方面学习，所以时间对他来说实在是非常重要。

鲁迅一生多病，工作和生活条件都不好，但他每天都要工作到深夜才肯罢休。有时第二天起床后，连饭也顾不得吃，就又开始工作，一直到吃晚饭时才走出自己的工作室。实在困了，就和衣躺到床上打个盹，醒后泡一碗浓茶，抽一支烟，又继续写作。鲁迅习惯以各种形式鞭策自己珍惜时间，在他卧室的墙上挂着勉励自己珍惜时间的对联及最崇敬的人的画像。

心智启迪 珍惜时间就等于珍惜生命，时间对任何人都是公正的。有志者、勤奋者，善于去争、去挤，它就有；庸人、懒汉，不去争、不去挤，它就没有。鲁迅正是善于挤时间、支配时间的勤奋者。

人生无法跳跃着前行，但人生的每一步要怎样走，以什么样的速度走，走的质量如何，都在每个人自己的掌控之中。我们要学习鲁迅视时间为生命的良好习惯，努力让自己生命中的每一分、每一秒都有价值，只有这样，我们的生活才能更加绚烂多姿。

时间最宝贵

我们都知道，爱迪生是一位优秀的发明家。他从小就对很多事物感到好奇，而且喜欢亲自去试验一下，直到明白了其中的道理为止。

长大以后，爱迪生就根据自己这方面的兴趣，一心一意做研究和发明。他在新泽西州建立了一个实验室，一生共有电灯、电报机、留声机、电影机、磁力析矿机、压碎机等2000余项发明。爱迪生的这些发明对改进人类的生活方式具有重大的意义。

可是，你知道吗？爱迪生一生只上过3个月的小学。他的成功应该归功于母亲自小对他的耐心教导与他自身珍惜时间的良好习惯。

一天，爱迪生在实验室里工作，他递给助手一个没上灯口的空玻璃灯泡，说："你量量灯泡的容量。"

过了一会儿，他问助手："容量多少？"可是，半天没等到回答。爱迪生转过头看见助手正拿着软尺在测量灯泡的周长、斜度，并拿了测得的数字伏在桌上计算。

爱迪生见状，马上快步走过去，拿起那个空灯泡，向里面斟满了水，交给助手，说："把里面的水倒在量杯里，马上告诉我它的容量。"助手立刻读出了数字。

"这是多么容易的测量方法啊，既准确又节省时间，你怎么想不到呢？还去算，那岂不是白白地浪费时间吗？"爱迪生边说边走回自己的实验桌。

爱迪生常对助手说:"世上最大的浪费莫过于浪费时间了。人生太短暂了,要多想办法,用极少的时间做更多的事情啊!"

心智启迪 劳伦斯曾经说过:"一个人若能对每一件事都感兴趣,能用眼睛看到人生旅途上时间与机会不断给予他的东西,并对于自己能够胜任的事情决不错过,在他短暂的生命中,将能够撷取多少奇遇啊!"的确如此,无论是在生活中还是在工作中,我们都要在某种程度上支配自己的时间。大部分人都能安排好自己的时间,从而使工作格外有效,使休闲时光更加充实。

装在箱子里的时间

莱卡是一个有钱人,自从住进一栋豪华的别墅后,他每天下班回来都会看见有个人从他的花园里拖出一些箱子,装上卡车。但是,他总是来不及叫喊,那人就把车开走了。这天,他决定开车去追。那辆卡车开得很慢,最后停在邻城的一个峡谷旁。

下车后,莱卡发现陌生人把箱子卸下来就扔进了山谷。山谷里已经堆满了箱子,规格式样都差不多。莱卡见状很是好奇,便走过去问:"刚才我看见您从我家拖走几只箱子,请问这些箱子里装的究竟是什么?这一堆箱子又是干什么用的?"

那个人笑笑说:"您家还有许多箱子要运走,您不知道吗?其实,这些箱子里装的都是您虚度的日子。"

"谁的什么日子?"

"您虚度的日子。"

"我虚度的日子?"

"是啊。都是您白白浪费掉的时光、虚度的年华。您曾梦想美好的时光,但美好时光到来后,您又干了些什么呢?"

莱卡疑惑地走过去,顺手打开了一只箱子,只见里面是一间病房,他的妹妹露丝躺在病床上在等他前去看望。他又打开一只箱子，里面是他以前住过的老房子，他那条牧羊犬正趴在栅栏门口等他，可它等了他两年，早已骨瘦如柴。看到这里，莱卡又迫不及待地打开其他箱子，里面都装着他应该珍惜却浪费掉了的时间。

此时，莱卡的心绞痛起来。他双眼含着泪说："先生，您能让我取回这些箱子吗？我求求您。我有钱，您要多少都行。"

"太迟了，浪费掉的时间已经无法挽回了。"说罢，那个人和那些箱子便一起消失了。

夜幕悄悄降临，把大地笼罩在一片黑暗之中……

心智启迪 我们常常说珍惜时间、充分利用时间，但是对于我们能够把握的现在，不少人却毫不珍惜，任意丢弃。如果只把希望寄托于将来，不重视现在，不努力，不珍惜，就等于亲手关上了通往美好未来的大门，希望就永远只能是希望，不能成为现实。无论何时，都要记得"我生待明日，万事成蹉跎"的教训。只有懂得珍惜时间，奋发图强，你才会成为一个有用的人。

最宝贵的生日礼物

明朗今天9岁了，小孩子总是特别重视自己的生日，他原以为爸爸妈妈会像其他小朋友的父母那样，为他热热闹闹地庆祝一番。

但没有想到的是，妈妈一大早就把他带到了外婆家里，在那里消磨了一整天，根本没有提给他过生日的事。小明朗既生气又失望，在回家的路上一直嘟着嘴不说话。妈妈当然知道儿子心里在想什么，于是弯下身子语重心长地对小明朗说："朗朗，妈妈生你的时候你爸爸33岁，那时他学识尚浅，现在他42岁了，可是他从来都没有停止过学习的脚步，仍然在努力读书。明天爸爸有一个非常重要的考试，为了不耽误他学习，妈妈放弃了给你过生日，因为时间对他来说实在太宝贵了。你能理解我们吗？虽然你现在还小，但也要学会珍惜时间，它对每一个人来说都是非常宝贵的，因

为时间是无法重来的，懂吗？"

听完妈妈的话，小明朗认真地点了点头。

岁月流逝，15年过去了，如今的明朗已是哈佛的高才生了。当他接到大学录取通知书的时候，他向妈妈说道："我9岁生日那天，您说的那番话是世界上最宝贵的生日礼物，是它成就了我的现在和未来。也就是从那时开始，我把爸爸当成了我的好榜样，虽然爸爸没有为我过生日，但是他用另一种方式让我明白了时间的重要性。我衷心地感谢您和爸爸为我付出的一切……"

心智启迪

时间是最短的东西。此时此刻，我们看了几行字，一分钟便消失了；吸一口气，又花了2秒钟。时间是死的，但人是活的。时间不能"增产"，却可以"节约"，它就好像是一位公正的匠人，对于珍惜它的人，它会在你生命的碑石上镂刻下辉煌的业绩。珍惜时间与否将决定你的命运。

一堂珍贵的体育课

小明的体育老师是一个典型的"70后"：戴宽边眼镜，喜欢Hip-hop，说话时不时带几句英文。冲着他的帅气和幽默，许多女生都喜欢上他的体育课。

有一次体育课上，小明发现一向激情四射的体育老师居然沉默不语，上课后也没有像往常一样把学生们集合起来，而是在操场的周围徘徊，似乎这堂课与他无关。有的学生干脆走掉了。

半个小时后，体育老师集合了剩余的人，说了一段足以让小明铭记终生的话："你们肯定会奇怪为什么今天我没有像往常一样组织大家上课。不少人偷偷观察我的反应。其实，我也在注意着你们。我没有组织上课的时间里，你们完全可以自己复习学过的动作，哪怕只是热热身也好。可上课5分钟后，有人开始窃窃私语；10分钟后，你们中的大部分人高声谈笑；20分钟后，有人干脆离开了这里。你们觉得很开心，因为紧张的体育课上有了难得的半小时的休闲时刻。只是,我想问问诸位,你们究竟浪费了谁的时间?"

学生们听了体育老师的话,个个目瞪口呆,当然小明也不例外。过了一会儿,老师继续说:"有一位著名的大学教授曾说过:'学生时代就像一股甘泉,极少的人开怀畅饮,更多的人悠然吮咂,绝大多数人只是漱漱口。'我希望我的学生都是开怀畅饮的人……"

"当时我被深深震撼了,还好那节课我没有提前走掉,还好我及时听到了老师的话。每当我在暂时的安逸中迷失自我的时候,都会有一个声音在我耳边响起:你究竟浪费了谁的时间?"小明意味深长地说道。

心智启迪 孩提时代,我们盼望着长大,希望从此不用上学,长大后才后悔小时候没好好学习,以至于现在什么也不懂。这时候才发现,原来我们浪费了一生中最宝贵的时光。与其花大量时间去玩耍,为什么不把时间用来好好充实自己,让自己变得更棒呢?因此,请珍惜时间,并努力用有限的时间创造无限的生命价值。

与众不同的实验

美国著名教授简金斯曾经向他的学生做过这样一个小实验:他拿出了一个中等大小的空坛子,摆放在讲台上。

第一步:教授将一些小石块装进坛子里,直到一颗石头也装不下了,他问学生们:"坛子装满了吗?"学生回答:"满了。"

第二步:教授又将一些更小的石子装过坛子里,这些小石头一个一个地滚入了大石头的缝隙里,直到一颗小石头也装不下了,教授又问学生们:"这回满了吗?"学生又齐声回答:"满了。"

第三步:教授向坛子里倒进了一些沙子,细小的砂砾自然会填满石头的缝隙,看来坛子真的什么也装不下了。于是,当教授再一次问学生们是否满了的时候,学生们仍然回答:"满了。"

然而紧接着,教授又往坛子里倒了一杯水。看来,坛子的容量真的很大。

我们可以把这个实验比作时间，很多时候，我们都觉得太忙了，根本没有时间做其他事情，可事实上，时间完全能够被挤出来。

心智启迪 人生如同赛跑，你必须知道终点在哪里，还要知道如何才能一直沿着最短的跑道不断冲刺。在你奔跑的过程中，就要时刻提醒自己：世界上唯有时间是最长又是最短的，是最快又是最慢的，是最能分割又是最广大的，是最不受重视又是最值得惋惜的。如果没有它，什么事情都做不成，它使一切渺小的东西归于消灭，使一切伟大的东西生命不绝。

2. 认真学习

用知识武装自己

凌解放小时候的学习成绩并不好，从小学到中学都留过级，一路跌跌撞撞，直到21岁时才勉强高中毕业。

高中毕业后，凌解放参军入伍，在山西大同当了一名工程兵。每天都在没膝的黑水中摸爬滚打，脚下的黑水哗哗作响，抬头不见天日，他忽然感到一种前所未有的悲凉，觉得自己已走到了人生的谷底。

然而，凌解放并没有丧失斗志。每天从矿井出来后，他就一头扎进团部图书馆，什么书都读，甚至连《辞海》都从头到尾读了一遍。他想通过读书学习的方法来改变自己。书越看越多，渐渐地，他对古文产生了浓厚的兴趣。

在部队驻地附近，有一些破庙残碑，凌解放就利用业余时间，用铅笔把碑文抄下来，然后带回来潜心钻研。这些碑文晦涩难懂，既无标点也无注释，书本上找不到，全靠自己用心琢磨。吃透了无数碑文之后，不知不觉中，他的古文水平已经突飞猛进，再回过头去读《古文观止》等古籍时，就非常容易。

凌解放从部队退伍时，差不多把团部图书馆的书都读完了。连他自己也没想到，正是这种漫无目的的自学，为自己日后的事业打下了坚实的基础。

转业到地方工作后，凌解放又开始研究《红楼梦》，由于基本功扎实，见解独到，很快他就被吸收为全国红学会会员。慢慢地，他心里冒出一个念头——写一部历史小说。

凌解放说："人生好比一口大锅，当你走到了锅底时，只要肯努力，无论朝哪个方向走，都是向上的。"本着这样坚定的信念，终于在1985年，凌解放以笔名"二月河"出版了自己的第一部长篇历史小说——《康熙大帝》。

从此，凌解放满腔的创作热情就像迎春的二月河，激情澎湃，奔流不息。

心智启迪 培根说过"知识就是力量"，但知识本身并不能成为力量，只有知识的实际运用，知识内化为主体素质，内化为主体的学识和能力，才能显示出无穷的力量，高贵的气质和人格的力量也才能体现出来。所以，只要有机会，我们就一定要学习，没有机会创造机会也要学。

知识就是财富

王羲之小的时候，练字十分刻苦。据说他练字用坏的毛笔堆在一起成了一座小山，人们叫它"笔山"。他家的旁边有一个小水池，他常在那个水池里洗毛笔和砚台，后来小水池的水全变黑了，人们就把那个水池叫做"墨池"。

长大以后，王羲之写的字已有一定功底了，但他还是坚持每天练字，连吃饭都经常忘了。

一天，仆人送来了他最爱吃的蒜泥和馍馍，催着他吃，他好像没有听见一样，还是埋头写字。仆人没有办法，只好去告诉王羲之的夫人。夫人和仆人来到书房的时候，看见王羲之正拿着一个满是墨汁的馍馍往嘴里送，弄得满嘴乌黑。她们忍不住笑出了声。原来，王羲之边吃边练字的时候，眼睛还盯着字，错把墨汁当成蒜泥蘸了。

夫人心疼地对王羲之说："你要保重身体呀！你的字写得已经很好了，为什么还要这样苦练呢？"

王羲之抬起头，回答说："我的字虽然写得不错，可那都是在学习前人的风格。我要有自己独创的风格，自成一体，那就非下苦工夫不可。"

经过一段时间的艰苦摸索，王羲之的书法终于形成了一种妍美流利的新风格。大家都称赞他写的字像彩云那样轻柔飘逸，像飞龙那样雄健有力，他也被公认为我国历史上杰出的书法家之一。

心智启迪 生活的富有并不意味着学识、知识的富有；生活的贫困并不意味着学识、水平的贫困，关键在于是否好学。好学不是追赶时尚的学法，而是全身心投入地学，日久天长，坚持不懈地学，学到最高境界时入迷入痴，方有成就可言，好运才会向你走来。所以，凡有大成就的人都以知识为乐，因为他们坚信：知识就是财富，知识可以改变命运！

学习可以改变你的命运

有一位叫海威希的年轻律师，他刚踏上社会的时候，在堪萨斯城一家贸易信托公司里当小职员。后来他移居到俄克拉何马州的马歇尔市，进入谢尔石油公司做事。然而，好景不长，经济发生了大恐慌，海威希和许多职员马上就要被解雇了。

由于海威希受过的训练和经验都不够，所以他没有办法担任一般书记以外的工作，而这种书记工作，在当时是找不到缺额的。

无奈之下，他只好接受了他所能担当的唯一一件工作——以每小时4毛钱的报酬，为石油工程施工挖壕沟。

当然，海威希并没有挖一辈子壕沟，他想尽一切办法改善生活。随后，他经营了一家小型高尔夫球场。

后来，通过不断努力，海威希又被谢尔石油公司起用了，转到俄克拉何马州的杜尔沙市工作。他说："我的进步，只有一个办法，那就是学习。所以我到俄克拉何马法律会计学校的夜间部会计科上课。经过3年的学习以后，我的薪水也加倍了。于是我马上进入杜尔沙大学夜间的法律系上课，4年内修完全部学分，得到了学位，并且通过了律师鉴定考试而成为合格的开业律师。"

即使取得了骄人的成绩,海威希仍然不满足,他准备参加会计师鉴定考试。研究高等会计3年以后,他又学了一项公众讲演的课程。

通过不懈地努力和学习,海威希的薪水比12年前挖壕沟的时候多了12倍。

心智启迪 海威希的故事告诉我们:学习是可以改变自己的命运的。有一句俗语:活到老学到老。在人类进化过程中,我们大家所需要做的,就是去学习我们需要学习和应当学习的东西,并且把它们学好。通过这样不断地学习来武装自己,以适应社会的发展。所以,要想取得成功,那就要不断地改变自己,学习、学习、再学习,永远不要给自己找任何拒绝学习的借口。

陶醉于书的海洋

车胤,生于晋朝,本是富家子弟,后来家道中落,变得一贫如洗。

车胤年轻时就很懂事,也能吃苦耐劳。他因为白天要帮家人干活,就想利用漫漫长夜多读些书,好好充实自己。

由于车胤的家境清贫,根本没有闲钱买油点灯。最初,他只得在夜间背诵书本内容,直到一个夏天的晚上,他看见几只萤火虫在飞舞,点点萤光在黑夜中闪动。

于是,他想出了一个好法子:他捉来许多萤火虫,把它们放在一个用白纱布缝制的小袋子里,因为白纱布很薄,可以透出萤火虫的光,他把这个布袋子吊起来,就成了一盏"照明灯"。

车胤不断苦读,终于成了著名的学者,后来还成了一位深得人心的官员。

心智启迪 习惯的养成不是一蹴而就的,好的图书可以培养我们良好的品德和行为习惯,书本上的知识会在潜移默化中影响我们。所以,我们应该经常让自己陶醉于书的海洋,领略那里的独特风采。

向成功者学习

廖海程从小就喜欢销售工作,他认为这个职业能够全方位地锻炼人。21岁那年,廖海程刚刚大学毕业,他到市政府直属的一家总公司当推销员,每月只有127元的工资。

廖海程当推销员的第一个月的销售业绩为全公司最差。正当廖海程为如何提高自己的销售能力发愁之际,他想起义父经常对他说的一句话:"你要用功读书,因为只有认真学习,才能使自己得到真正的提升。"

廖海程突然意识到:自己不仅缺少理论常识,更缺少实践经验,而这些都是要通过不断地学习磨炼才能补充的。于是,他决定从零开始。当时他的运气非常好,买到了一本介绍台湾顶尖推销员的书。书中介绍有个推销员不到22岁,一个月就能赚100万台币。看到这里,廖海程不禁拿自己与那个台湾顶尖推销员相比,简直就是一个地下一个天上,他非常羡慕台湾那位年轻的推销员。正因为羡慕,廖海程决定学习如何推销。

廖海程有一个观点——学习很重要。要想使自己的能力得到快速提高,就必须找到适合自己的学习榜样,并细心学习他们的成功秘诀。

于是,廖海程决定要跟销售高手学习推销。在一个月内廖海程先后请教了10多位分管业务的经理,拜他们为师,向他们学习推销技巧,帮他们做事。学习完那本介绍台湾顶尖推销员的书后,廖海程第二个月的销售业绩达到全公司中等,第三个月的销售业绩达到全公司第一名。由于廖海程的敬业精神,工作三个月后他被提升为总经理秘书。

在一边学习一边实践的过程中,廖海程发现了一个事实:如果一个人真正想要成功,就不应该只是机械地学习如何上班、下班,而是要学会如何提高自己的能力!

为此,廖海程决定继续找世界上各行各业最顶尖的人士来学习,向他们请教,让他们教自己成功、赚大钱的方法。

在美国留学期间,为了学习演讲技巧,廖海程找到全世界最顶尖的演说家——安东尼·罗宾教他公众演说。虽然交了相当高的学费,但是廖海程的公众演讲能力也在一夜之间迅速提升。

后来，廖海程又找了另一个榜样来学习，那就是被《世界吉尼斯纪录》刊载为"世界上最伟大的销售员"的乔·吉拉德，他开始买他的书、买他的碟，向他学习世界第一的销售技巧。接着，又学了像比尔·盖茨、孙正义、李嘉诚、戴明等一样的各行各业世界顶尖级成功人士的管理理念和销售技巧。

通过多年的学习和积累，廖海程的销售能力再度提升，成了销售业的佼佼者。

心智启迪 英国有句谚语：优良的示范就是最好的说服。梦想成功的人一定要把成功者当成榜样，让自己在成功的环境中跟着成功者学习，借取他们的成功经验，在自己的身上实践，使自己的方方面面在短期内得到提升。

别让你的大脑睡懒觉

约翰·布尔在美国威斯康星州经营一座农场，他有个习惯，就是每天阅读一些关于农作物的书籍，希望有朝一日能够突破自己的现状，取得更大的成绩。

然而不幸的是，有一天，他像往常一样在农场里工作，突然全身抽搐倒地……中风致使他全身瘫痪。从这时起，他便丧失了肢体的活动能力，他的亲友们都认为他已经没有希望了，这一生也就如此了。

虽然约翰·布尔的身体不能动，但他还能不时地思考。忽然间，有一个念头闪过他的脑海，而这个念头注定要弥补他不幸遭遇的缺憾。

他把他的亲友们全都召集过来，并要他们在他的农场里种植谷物。这些谷物将被用做一批猪的饲料，而这批猪将会被屠宰，并被用来制作香肠。

短短数年间，约翰·布尔的自制香肠就在全国各大商店和超市中出售，这让约翰·布尔和他的亲友们都成了拥有巨额财富的富翁。

心智启迪 　　大脑是一个人智力的家园，如果想让这个家园变得越来越美丽，越来越富饶，就需要你不断地学习和思考。凡是成功者，从来不会让自己的大脑睡懒觉，只有将自己的头脑用知识和智慧填满，才能够不断刷新自己的人生纪录。

名人的成功秘诀

　　林肯的父亲是个农民，家境极为贫穷。

　　林肯断断续续地接受正规教育的时间加起来还不足1年，但他从小就养成了热爱知识、追求学问、善良正直和不畏艰难的好品质。买不起纸和笔，他就用木炭在木板上写字，用小木棍在地上练字。

　　他抓紧一切时间看书学习，练习讲演。林肯失过业，做过工人，当过律师。

　　从29岁起，林肯开始竞选议员和总统，前后尝试过11次，失败过9次。

　　51岁那年，他终于问鼎白宫，并取得了辉煌的业绩，被马克思称为"全世界的一位英雄"。

心智启迪 　　但凡成功的人，都有一种相同的嗜好——学习！因为只有认真学习，才能丰富自己的头脑。

两个和尚

　　从前，有两个和尚住在相邻的两座山上的寺里，这两座山之间有一条小溪，于是这两个和尚每天都会在同一时间下山去溪边挑水。久而久之，他们便成了好朋友。

　　五年后的一天，左边这座山的和尚没有下山挑水，右边那座山的和尚心想：他大概睡过头了。

　　但是，第二天，左边这座山的和尚还是没有下山挑水，第三天也一样，过了一星期，还是一样。

直到过了一个月，右边那座山的和尚终于受不了了。他心想：我的朋友可能生病了，我要去拜访他，看看能帮上什么忙。于是，他便爬上了左边这座山去探望他的老朋友。

等看到他的老友之后，他大吃一惊，因为他的老友正在庙前打太极拳，而且一点儿也不像一个月没喝水的人。

他好奇地问："你已经一个月没有下山挑水了，难道你可以不喝水吗？"

左边这座山的和尚说："来，我带你去看。"

于是，他带着右边那座山的和尚走到寺的后院，指着一口井说："这五年来，我每天做完功课后，都会抽空挖这口井。即使有时很忙，能挖多少就算多少。如今，终于让我挖出水，我就不必再下山挑水，我可以有更多时间练我喜欢的太极拳了。"

右边那座山的和尚这才恍然大悟。

心智启迪 人性有一种无可救药的弱点，那就是得过且过，苟且偷安。其实，一个男子汉只有克服这个弱点，挤出时间比别人多学点儿知识，才能通过不同的方式及途径，提供自己独特而又卓有成效的服务，以达到帮助他人克服困难、提高生活质量、发挥自身潜能、达到预定目标的目的。

勤能补拙

1928年，一个男孩出生于广东潮州，男孩的父亲是小学校长。

1940年，为了躲避日本侵略者，全家人背井离乡逃难到香港。两年后父亲病逝。为了生计，男孩被迫辍学，男孩的舅父庄静庵的中南钟表店接纳了他。于是他就从学徒做起，因为他的机敏和才干，15岁时就在分店做了店长。

17岁的时候，他辞去了钟表店的工作，在一家玩具制造公司当上了推销员，向外推销塑料玩具。刚开始做推销工作的时候，他因没有工作经验而屡屡碰壁。为了做得比别人出色，他只能"以勤补拙"。

他说："别人做8小时，我就做16小时。"那段时间，他每天都要背着一个装有商品的大包，翻山越岭，长途跋涉，挨家挨户推销产品。结果不出所料，他的推销大获成功，每次都是"满载而出，空手而归"。

当推销员时，工作虽然繁忙，但早年矢学的他仍用工作闲暇到夜校进修，补习文化。由于勤奋好学，精明能干，不到20岁，他便升任塑料玩具厂的总经理，可谓是青年才俊，前途无量。

二战结束后，他看准经济发展的趋势，义无反顾地辞去了总经理的职务，去创办自己的企业。他用房子和7000港元的启动资金隆重推出了新办的厂子——长江塑料厂。

从此，他走上了叱咤风云的创业道路。独立创业，白手起家，显示出非凡的气魄和抱负。

几年以后，由于香港局势的动荡不安，香港的房地产一次一次不由人意地显示了它大起大落的特色。他再一次显示出独具慧眼、具有远见卓识的才能：一方面加紧稳固大后方"长江工业有限公司"，继续使之在塑胶工业中独占鳌头；一方面不紧不慢、胸有成竹地用现金、用最低价格收购那些急于脱手的地皮和楼宇。

1967年，他又动用两亿三千万港元买入美资集团、希尔顿酒店及凯悦酒店，开创了华资企业在港吞并外资机构的先河。1980年，"长实"终于持有"和黄"超过40%的股票，他当上了"和黄"的董事会主席。

至此，他的公司坐上了香港华资地产龙头的位置，他也在1999年著名财经杂志《福布斯》世界十大富豪榜上连续第六年荣膺"世界华人首富"称号。

他常说："在20岁之前，事业上的成果100%靠勤劳换来；20岁至30岁之间，事业已有些小基础，这10年的成功，10%靠运气好，90%仍是由勤劳得来；之后，机会的比例渐渐提高；到现在，运气已差不多要占3至4成了。"

是的，他就是华人世界的传奇人物——李嘉诚。

心智启迪 正所谓："积土成山，积水成渊。"只有勤奋才能让你的成绩迅速提升。因为你付出了，才会有收获。李嘉诚成功的关键就在于，他能够深刻地了解"勤能补拙"的含义。所以，与其规定自己一定要成为一个什么样的人物、获得什么东西，不如磨炼自己做一个努力的人。志向再高，没有努力，志向终难坚守；没有远大目标，因为努力，终会找到奋斗的方向。做一个勤奋的人，可以说是人生最切实际的目标，是人生的最高境界。

3. 知错就改

卢梭的故事

卢梭小时候家里很穷,为了生计,他只好到一个伯爵家去当小用人。

伯爵家的一个侍女有条漂亮的小丝带,很讨人喜爱。

一天,卢梭趁没人的时候,从侍女床头拿走小丝带,跑到院里玩起来。就在这时候,有个仆人从他身后走过,发现了他手中的小丝带,立刻报告了伯爵。伯爵大为恼火,就把卢梭叫到身旁,厉声追问起来。

当时,卢梭紧张极了,心想:如果承认丝带是自己拿的,那他一定会被辞退。以后再找工作,可就更难了。

于是,他结巴了一会儿,最后竟撒了个谎,说丝带是小厨娘玛丽永偷给他的。伯爵半信半疑,就让玛丽永过来对质。

善良、老实的玛丽永一听这事,脑瓜子顿时蒙了,一边流泪一边说:"不是我,绝不是我!"

但是,卢梭却死死咬住了玛丽永,并把事情的所谓"经过"编造得有鼻子有眼。

这下子,伯爵更恼火了,索性将卢梭和玛丽永一起辞退了。

当两人离开伯爵家时,一位长者意味深长地说:"你们之中必有一个是无辜的,说谎的人一定会受到良心的惩罚!"

果真如此,这件事给卢梭带来了终身的痛苦。

40年后,他在自传《忏悔录》中坦白说:"这种沉重的负担一直压在我的良心上……促使我下定决心撰写这部忏悔录。

这种残酷的回忆，常常使我苦恼，在我苦恼得睡不着的时候，便看到那个可怜的姑娘前来谴责我的罪行……"

心智启迪 在漫长的人生旅途中，每个人都难免犯错，可对待错误的态度却常常显示出一个人的品格。有错误其实并不可怕，可怕的是我们不敢去面对。只有敢于面对自己的错误，才有机会改正和取得进步。而那些因过分害怕犯错误而缩手缩脚的人，常常会错失许多很好的机会。

批评是块宝

有一个名叫罗勃·郝金斯的年轻人，半工半读地从耶鲁大学毕业后，做过作家、伐木工人、家庭教师和卖成衣的售货员。

八年后，30岁的罗勃·郝金斯被任命为芝加哥大学的校长。

老一辈的教育人士都大摇其头，人们对他的批评就像山崩石落一样一齐打在这位"神童"的头上。

有的人说，他太年轻了，经验不足；有的人说，他的教育观念很不成熟。甚至各大报纸也参与了抨击。

在罗勃·郝金斯就任的那天，有一个朋友对他的父亲说："今天早上我看见报上的社论攻击你的儿子，话说得很凶，真把我吓坏了！"

郝金斯的父亲回答说："不错，因为批评是块宝啊，我们要特别珍惜……"

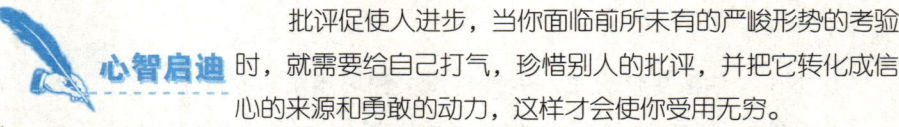

心智启迪 批评促使人进步，当你面临前所未有的严峻形势的考验时，就需要给自己打气，珍惜别人的批评，并把它转化成信心的来源和勇敢的动力，这样才会使你受用无穷。

有勇气否定自我

1999年,可口可乐遭遇了一次很严重的"中毒事件"。

比利时42名小学生在喝了受污染的可口可乐后,出现恶心、头疼等食物中毒症状,他们被及时送到医院接受治疗后才转危为安。

随后,比利时政府宣布全面禁止销售可口可乐公司的产品。恰巧,法国北部也发生了类似事件——80多人因服用可口可乐而中毒。

法国政府部门命令从全国市场撤出500万瓶可口可乐饮料。

一场突如其来的危机让可口可乐公司没有任何思想准备,很短的时间里就造成了巨大损失。公司总裁兼首席执行官道格拉斯·艾华士立即赶到比利时,在所有报纸上刊登道歉信。

在法国举行记者招待会的时候,他还当众喝可口可乐。此外,公司还宣布把欧洲市场上数以百万的可口可乐饮料销毁。

不久,人们对可口可乐的信心重新恢复,而比利时和法国的销售禁令也先后被撤销。

面对一场危机,可口可乐在失误面前选择了承认错误,并采取了大量补救措施,包括销毁欧洲市场上数以百万的可口可乐饮料。

这一做法,让人们看到了可口可乐公司改正错误的勇气和信心,也使它渡过了危机。

心智启迪　　拥有自我否定的勇气,做到知错能改,才能获取"亡羊补牢"的经营智慧,给自己赢得更加广阔的发展空间。

为自己闯的祸埋单

一天,一位12岁的小男孩正与他的伙伴们玩足球,一不小心,小男孩将足球踢到了邻近一户人家的窗户上,一块窗玻璃被击碎了。

一位老人怒气冲冲地从屋里跑出来,大声责问是谁干的。伙伴们纷纷逃跑了，小男孩却走到老人跟前，低着头向老人认错，并请求老人宽恕。

然而，老人却十分固执，小男孩委屈地哭了。最后，老人同意小男孩回家拿钱赔偿。

回到家，闯了祸的小男孩怯生生地将事情的经过告诉了父亲。

父亲并没有因为他年龄还小而开恩，而是板着脸一言不发。坐在一旁的母亲赶忙为儿子说情。

不知过了多久，父亲才冷冰冰地说道："家里虽然有钱，但是他闯的祸，就应该由他自己负责。"

停了一下，父亲还是掏出了钱，严肃地对小男孩说："这15美元我借给你赔偿人家，不过，你必须想办法还给我。"

小男孩从父亲手中接过钱，飞快地跑去赔给了老人。

从那以后，小男孩一边刻苦读书，一边用空闲时间打工挣钱还给父亲。由于人小，不能干重活，他就到餐馆帮别人洗盘子刷碗，有时还捡破烂。

经过几个月的努力，他终于挣到了15美元，并自豪地交给了父亲。

父亲欣然拍着他的肩膀说："一个能为自己的过失行为负责的人，将来一定会有出息的。"

多年以后，这位男孩成为美利坚合众国的总统，他就是里根。

后来，里根在回忆往事时深有感触地说："那一次闯祸之后，我懂得了做人的责任。"

心智启迪 面对错误，我们不要回避，而应主动承认，给自己改正和挽救的机会，使自己在下一步的行动中掌握主动权，走向成功。

第二章

个性修为
——男子汉的"新名片"

1. 关爱他人

有爱就有了一切

一个女士在出门的时候看到院子里坐着三位老人，他们的胡子都是白花花的，衣服都是破破烂烂的。

这位女士疑惑地问道："请问，你们找哪位呀？"

"你们家的男主人在吗？"一个老人低声问道。

"他没在家，你们先进来吃点东西吧。"女士热心地说道。

"他不在，那我们就不进去了。"老人们说。

"没关系，请进来等吧。"女士说道。

"我们不能一起进屋。"老人们异口同声地说。

"为什么呢？"女士疑惑地问道。

一个老人站起来，分别指指站在他旁边的两位老人说："他的名字叫成功，那个叫财富，我叫爱。"

这个老人接着又说："我们不能同时进去，你看你们家需要我们中的哪一个？"

女士想了想，说道："那我先邀请叫爱的那位老人进来吧。爱老人里面请。"爱老人起身朝房子走去，其他两位老人也起身跟在了他的后面。

女士感到很惊讶，问道："不是说三位不能同时进来吗？"

爱老人笑了笑说："如果你邀请财富或者成功中的一个，那么，另外两个都不会跟着进去；如果你邀请的是爱，那么不管到哪里，财富和成功都会相伴左右的。女士,我可以问一下,你选择爱的原因吗?"

女士笑着说:"我一直都认为,有爱就有了一切……"

心智启迪 爱不仅会温暖心灵、净化灵魂,更会让别人感受到从你的内心所散发出的人格魅力。其实,人们会被一些感动心灵的事情所打动,是因为在那些事情中包含了爱。

钉钉子

有一个叫小刚的男孩,他最大的苦恼是自己的脾气很坏,所以没有朋友。

一天,小刚的爸爸给了他一袋钉子,小刚很奇怪地看看爸爸,问道:"爸爸,你为什么给我这么多钉子啊?"

爸爸告诉他:"每次当你发脾气或者与别人吵架的时候,就在院子的篱笆上钉一颗钉子。"出人意料的是,第一天,小刚一共在院子的篱笆上钉了32颗钉子;第二天,他钉了28颗;第三天,他钉了24颗……就这样,在后来的几天他学会了控制自己的脾气,每天钉的钉子也逐渐减少了。

终于有一天,他一颗钉子都没有钉,他高兴地把这件事告诉了爸爸。

爸爸笑着说:"很好。那么,从今以后,如果你一天都没有发脾气,可以在当天拔掉一颗钉子。"

随着时间的流逝,小刚把院子里的钉子全都拔光了。他又跑去把这件事告诉了爸爸,爸爸意味深长地说:"看到那些钉子洞了吗?这就好比你对别人的伤害,无论你怎么补救,伤口总会在那儿。"从那以后,小刚就学会了爱别人。慢慢地,他身边有了很多朋友,他也变得越来越快乐。

心智启迪 生活中,如果你和一个人吵架,说了一些难听的话,或是做了一些伤害他人的事情,那就等于在他心里留下了一个伤口,很难愈合了,而且最后还会留下疤痕。这就如同那些钉子洞,这些洞永远也不可能恢复了。所以,我们在对待他人的时候,要用自己的关爱,而不是用伤害。

住 宿

一个风雨交加的晚上，一对年迈的夫妇来到一家旅馆，想要住宿一晚。

"很抱歉，我们旅馆的房间已经客满了，已经没有空房了。"旅馆前台的服务生回答道。

两位老人神情疲惫，听了服务生的话，更是失望至极。

服务生见状，安慰老人道："两位老人家别着急，让我来为你们想想办法……"

随后，服务生带着两位老人来到了一间很小的房间，对两位老人说："这个房间并不豪华，但还算舒适整洁。如果二位不嫌弃，今晚就先在这里凑合一下吧，我今晚值班，可以在办公室里休息。"

老人听到这样的好消息，感激地连声向服务生道谢。

第二天，当两位老人来到前台结账时，服务生却对他们说："不用了，我只不过是把自己的屋子借给你们住了一晚。祝你们旅途愉快！"

两位老人非常感动，老头儿说："孩子，你就是所有老板都梦寐以求的员工，你会得到回报的。"

服务生笑了笑，送老人出了门，转身接着忙自己的事去了。

几年后的一天，服务生收到了一封信，这封信正是那两位老人寄来的。信中表示欲聘请服务生去做另一份工作，并标明了新工作地点的路线，信封中还装有一张去纽约的单程机票。

服务生乘飞机来到了纽约，当他来到工作地点时，一座金碧辉煌的大酒店巍然屹立在他的眼前。

原来，几年前的那个深夜，他接待的是一对有着亿万资产的富翁。富翁为这个服务生买下了一座大酒店，他们坚信他会把这座大酒店经营得很好。

这个服务生就是全球赫赫有名的希尔顿酒店的首任经理。

心智启迪 一个心中有爱的人，总会用爱去帮助别人、关心别人、施惠于人。懂得关爱他人的人总是能够得到贵人相助，让自己早日收获成功的果实。

爱的鼓励

这天，霍桑像平时一样，神采奕奕地提着公文包走出家门去上班。

当来到办公室的时候，他看到自己的桌子上放着一封信。他慢慢地拆开信，被上面的内容惊呆了，原来那是一份解雇通知书。离开办公室后，他孤零零地在街上茫然地走着，最后垂头丧气地回了家。

一路上，他忧心忡忡，担心这个温馨平和的家会因为自己的失业而掀起轩然大波。

到家后，他忐忑不安地坐在沙发里，不说一句话。这时，妻子走到霍桑的面前，微笑着问道："亲爱的，出什么事了吗？"

"没……没什么。"看着妻子关切的眼神，霍桑难以启齿。

"我被解雇了……"他犹豫了片刻，吞吞吐吐地说道。

他原以为妻子听到这个消息后会情绪低落，没想到妻子听了立刻走了出去。过了一会儿，她拿来纸和笔放在了桌上，温柔地笑着对霍桑说："现在你有充裕的时间了，可以开始写作了。"

"如果我只是写书，哪里会有收入呢？我们靠什么生活啊？"霍桑一脸苦笑地说道。

妻子笑着对霍桑摇了摇头，打开抽屉，拿出了一沓钱放在了他的面前。

"这些钱是从哪里来的？"霍桑张大嘴巴吃惊地问。

"我一直都认为你有写作的天赋，我相信有朝一日你一定会写出一部巨著，所以，我每个月都会从生活费中额外地攒出一部分钱。现在这些钱足够我们花一年的了，从现在开始，你就安心写作吧。"妻子笑着说道。

两年后，霍桑在妻子的鼓励和支持下，终于完成了《红字》这部美国文学史上著名的小说。

心智启迪 不要小看你对别人的鼓励，有时一句鼓舞的话语，甚至一个眼神，都会帮助对方从失败中重振旗鼓，获得新生。所以，从现在开始，用爱对待你身边的人吧。

关爱别人就是关爱自己

哈默是美国石油大王，可在成功之前，他一度是个不幸的逃难者。

一年冬天，年轻的哈默跟随一群同伴流亡到美国南加州一个名叫沃尔逊的小镇上，这个小镇的镇长叫杰克逊。

一个风雨交加的上午，镇长门前花圃旁的小路成了一片泥淖。于是，行人就从花圃里穿过，弄得花圃里一片狼藉。

哈默替镇长痛惜，便不顾寒雨淋身，一个人站在雨中看护花圃，让行人从泥泞的小路上穿行。镇长回来了，他挑了一担煤渣，在一头雾水的哈默面前，把煤渣铺在了泥泞的小路上。出人意料的是，自此再也没有人从花圃里穿行了。

最后，镇长意味深长地对哈默说："你看，关照别人其实就是关照自己，何乐而不为呢？"

镇长杰克逊的话深深触动了哈默，并对他后来的成功起了不可估量的作用。哈默成功后，在一次记者会上，他说道："关爱别人就是关爱自己。其实，关爱别人需要的只是一点点理解与大度，却能换来意想不到的收获，还有可能改变自己的一生。可以说，关照是一种最有力量的方式，也是一条最好的路。"

心智启迪 生活中，有许多我们用金钱和智慧得不到的东西，却因为一点点关爱、真诚和善良，轻而易举地就得到了。这是因为，这些看似平凡而又简单的付出，远比金钱所放射出的光亮和色彩更加诱人，也更令人愉悦。因此，不要吝啬你的关爱。

穷人与医生

从前,一个有名的医生到一个偏僻的小镇行医。

这一天,他在小镇上遇到了一个患有重病的穷人。由于医生医术精湛,很快就治好了这个穷人的病,且没有收一文钱。

穷人来到离小镇较远的山上,砍了一捆柴,然后又不辞辛劳地徒步回到小镇,把那一捆柴放在医生的脚下。可惜他不知道现代生活中几乎用不上柴了。他的礼物似乎没有了价值。但事实并不是这样,因为在关爱中没有什么是徒劳的。

医生感慨道:"在我的行医生涯中,这个礼物是我收到的最贵重的。它承载着真挚的感谢,是我记忆中无价的财富。"

 **心智启迪** 给别人掌声,自己周围就会掌声四起;给别人机会,成功就会向自己走近;给别人关照,就是关照自己。

付出就有回报

在20世纪早期,有一个美国人,他在年轻时的第一份工作是在一个小煤矿当挖煤工人。虽然从事的是一份非常普通的工作,但是他不仅尽职尽责,而且还养成了一个能使他终生致富的习惯,那就是提供额外的超值服务。

在工作中,他每天总是提前上班,为八小时的工作提前准备好各种工具,并对设备进行检查。由于他的额外付出,他很快被提升为小组长。

没过多久,他又被提升为煤矿的经理。后来,他离开煤矿后,又做过推销员、报社的文员、杂志社的编辑等多种工作。

但不论是哪一个职业,他都能在很短的时间之内使自己的工资翻几倍,而且职务也很快得到提升,他有好几次被提升为经理的经历。

不论在哪个公司工作,从事的是哪一个职业,他都始终坚持一点——额外付出。他认为额外付出会使一个人在思想上得到升华,在行动上出类拔萃。

后来,他有幸被派去采访钢铁大王卡内基。卡内基很快发现了他身上的创造性和高贵的品质。于是,建议他从事美国成功人士的研究工作,并写信给美国政界、工商界、科学界、金融界等取得卓越成就的高层人士,介绍他与他们认识。

20年后,他获得了博士学位,在这期间,他访问了包括福特、罗斯福、洛克菲勒、爱迪生、贝尔在内的500多名成功人士,并进行深入的研究,完成了具有划时代意义的《成功定律》。

后来,他成为美国两位总统威尔逊和罗斯福的顾问,并影响了两位总统的决定,从而影响了美国历史的进程。

这位伟大的成功大师就是拿破仑·希尔。

 我们常说:"有付出就有回报。"在追求理想的道路上,只要你肯付出,就一定会成功。

脚踏实地的力量

藤田田1965年毕业于日本早稻田大学经济学系,毕业后在一家大电器公司打工,他1971年开始创立自己的事业,经营麦当劳生意。麦当劳是全球连锁快餐公司,采用的是特许连锁经营机制,而要取得特许经营资格要具备75万美元现款和一家中等规模以上的银行的信用支持。而藤田田当时只是一个才出校门几年、只有不到5万美元存款、毫无家庭资本支持的打工族。

藤田田看准了美国连锁快餐文化在日本的巨大发展潜力,决意不惜一切代价在日本创立麦当劳事业。面对巨大的资金落差,换作别人也许早就心灰意冷了。然而,藤田田却偏有对困难说"不"的勇气和锐气,偏要迎难而上。

于是,他西装革履满怀信心地跨进住友银行总裁办公室的大门,以极其诚恳的态度,向对方表明了他的创业计划和求助心愿。在耐心细致地听完他的表述之后,银行总裁说:"你先回去吧,让我再考虑考虑。"藤田田心里即刻掠过一丝失望,但马上镇定下来,恳切地对总裁说了一句:"先生可否让我告诉你,我那5万美元存款的来历呢?"回答是:"可以。"

"那是我6年来按月存款的收获。"藤田田说道,"6年里,我每月坚持存下工资奖金,雷打不动,从未间断。6年里,无数次面对过度紧张或手痒难耐的尴尬局面,我都咬紧牙关,克制欲望,硬挺了过来。有时候,

碰到意外事故需要额外用钱，我也照存不误，甚至不惜厚着脸皮四处借贷，以增加存款。这是没有办法的事，我必须这样做。因为在跨出大学门槛的那一天我就立下宏愿，要以10年为期，存够10万美元，然后自创事业，出人头地。我坚信，在小事情上过得硬的人才干得成大事情。现在机会来了，我一定要提早开创自己的事业。"

藤田田一口气讲了20分钟，总裁越听神情越严肃，并向藤田田问明了他存钱的那家银行的地址。事后，总裁亲自驱车前往那家银行，了解核实了藤田田存钱的情况，遂决定无条件地支持他创建麦当劳事业。得知消息的藤田田追问了一句："请问，您为什么决定支持我呢？"

总裁在电话那头感慨万千地说："我今年已经58岁了，再有两年就要退休，论年龄我是你的2倍，论收入我是你的40倍。可是，直到今天我的存款却还没有你多。光凭这一点，我就自愧不如了。我敢保证，你会很有出息的，年轻人，好好干吧！"

心智启迪　大的成功都是由小的成功积累而成的。不经过程而直奔终点，不从卑俗而直达高雅，舍弃细小而直达广大，跳过近前而直达远方，都是一种误区。

踏实诚恳

1874年，托马斯·约翰·沃森出生于美国纽约州北部的一个贫困农民家庭，父母是苏格兰移民。虽然家境贫困，但沃森从父母的身上学到了正直、踏实、认真、乐观、崇尚个人奋斗等美国农民的优秀品质。

沃森没上过几天学，17岁就开始了推销员的生涯。

19世纪，处于困境中的沃森做了推销员。其他推销员总是为了自己的业绩而不择手段，甚至欺瞒顾客。然而，沃森却始终秉持自己的职业操守，从不用歪门邪道获取利益。正因为如此，他深受客户欢迎，产品也随着他知名度的提升空前畅销。后来，他成为东部最成功的推销员，被提升为分公司经理。

40岁时，他辞去了工作，带着妻子和嗷嗷待哺的儿子去纽约闯荡。一个偶然的机会，他遇到了IBM前身的奠基者弗林特。

其实，弗林特对沃森的才干早有所闻，对他正直的人品也是十分钦佩，于是聘任他为计算制表记录公司的经理。公司主要生产天平、磅秤、计时钟和制表机。但是，由于前任经理在经营方面不得要领，公司已濒临破产。

沃森在这样的特殊情形下接任经理之职后，适时地推出了新型的打印—制表组合机，受到广大客户的欢迎，订货单一张接着一张，产品供不应求。1919年，公司的销售额就已高达1300万美元，利润也升至210万美元。

1924年2月，已经身为公司总经理的沃森决定将公司更名为国际商业机器公司，简称IBM。

心智启迪 从沃森的成长轨迹中可以发现，他所具备的高尚职业道德和出色人品为他的成功提供了最大的保障。一个人如果拥有高尚的品质，其人生境界和精神领域一定会无比开阔，可以说，以德服人是提升自我管理境界的重要手段，能够让你走得更远。

初出茅庐

东汉末年，各方势力为了争夺天下，连年混战。诸葛亮原隐居在家乡南阳。他住在茅草房里，埋头读书，下地耕作，不愿出去求取功名。

当时，刘备的力量很小，又接连败给曹操，很想找一个有才能的人来辅助自己。经谋士徐庶的推荐，刘备亲自到南阳去请诸葛亮出山。他一连去了三次，故称"三顾茅庐"。诸葛亮被刘备的真诚所感动，答应出山辅助刘备打天下。

诸葛亮出山以后，当上了刘备的军师。

不久，曹操派大将夏侯惇率领十万大军前来攻打刘备。诸葛亮利用曹操骄傲轻敌的弱点，在博望坡设下埋伏，派大将赵云把曹军引到树木丛生的地方，接着放起火来。

曹军在火海之中自相践踏，死伤惨重。刘备的军队又杀回来，把曹军打得落花流水。

诸葛亮第一次指挥战斗就得胜，后来，人们就把诸葛亮的这次胜利称为"初出茅庐第一功"。

年轻人初次参加工作、步入社会，缺乏实际经验，但只要有明确的目标，脚踏实地地干，必然有不可估量的前途。

成功之路

有一个美国男孩从父亲那里学会了讲求实际的经商之道，又从母亲那里学到了精细、节俭、守信、一丝不苟的品质，这对他的成长产生了很大的影响。

他幼年时，曾将自己捉到的小火鸡精心喂养，挑好的在集市上出售。12岁时，他攒了50美元，还把钱借给邻居，赚取利息。

1855年，由于一些原因他不能继续上学，这时距高中毕业只有两个月。但他听从了父亲的建议，花了40块钱在福尔索姆商业学院克利夫兰分校读了一个为期三个月的课程。随后，他加入休伊特—塔特尔公司，做了一名簿记员。

1858年，他用800美元积蓄加上从父亲那里以一分利借来的1000美元同他人合伙成立了一家公司，主要经营农产品。他虽然从来没有参加南北战争，却在战争期间赚取了丰厚的利润。1862年，他的公司利润达到了17000美元。

1863年，他转向炼油投资。但是，两年后，因与合伙人意见有分歧，公司散伙拍卖，他以7.25万美元的价格买下合伙人的股权。同年，他开办了第二家炼油厂，也是克利夫兰第一大炼油企业。

1866年，他组建纽约公司，负责出口业务。1870年，公司内部合并，标准石油公司成立，他担任总裁，资产100万美元，他说："总有一天，所有的炼油制桶业务都要归标准石油公司。"

此后不到两年的时间，他就吞并了该地区20多家炼油厂，控制了该州90%的炼油业、全部主要输油管及宾夕法尼亚铁路的全部油车；又接管了新泽西一家铁路公司的终点设施，迫使纽约、匹兹堡、费城的石油资本家纷纷拜倒在其脚下。

在八年内，其公司炼油能力从占全美国的4%猛增到95%，几乎控制了美国全部工业和几条大的铁路干线。

没错，他就是美国标准石油公司的创始人——约翰·戴维森·洛克菲勒。

 想要成为真正的成功者，就需要一种脚踏实地的实干精神。

3. 宽宏大量

战　友

二战期间，一支部队在森林中与敌军相遇发生激战，最后两名战士与部队失去了联系。

他们之所以在激战中还能互相照顾、彼此不分，是因为他们是来自同一个小镇的战友。两人在森林中艰难跋涉，互相鼓励、安慰。

十几天过去了，他们还是没有与部队联系上。

幸运的是，他们打死了一只鹿，依靠鹿肉又可以勉强度过几日了。可也许是因为战争的缘故，动物四散奔逃或被杀光，这以后他们再也没看到任何动物。仅剩下的一些鹿肉，背在年轻战士的身上。

一天，他们在森林中遇到了敌人，经过再一次激战，两人巧妙地避开了敌人。就在他们自以为已安全时，只听到一声枪响，走在前面的年轻战士中了一枪，幸亏子弹打在肩膀上。后面的战友惶恐地跑了过来，他害怕得语无伦次，抱起战友的身体泪流不止，赶忙把自己的衬衣撕下包扎战友的伤口。

晚上，没有受伤的战士一直叨念着母亲，两眼直勾勾的。他们都以为自己的生命即将结束，身旁的鹿肉一动没动。

后来，他们被部队救了出来。

30年后，那位受伤的战士说："我知道谁开的那一枪，他就是我的战友。他去年去世了。在他抱住我时，我碰到他发热的枪管，但当晚我就原谅了他。我知道他想独吞我身上带的鹿肉活下来，但我也知道他活下来是为了他的母亲。"

他停顿了一下,调整了一下激动的情绪,继续说道:"此后30年,我装作根本不知道此事,也从不提及。战争太残酷了,他母亲还是没有等到他回去,我和他一起祭奠了老人家。他跪下来,请求我原谅他,我没让他说下去。我们又做了二十几年的朋友……"

心智启迪 宽容不是天平一端的砝码,不停地忙碌,维持着不断被打破的平衡,而是人世间永恒的爱与被爱。一个人能容忍别人的固执己见、自以为是、傲慢无礼、狂妄无知,却很难容忍别人对自己的恶意诽谤和致命的伤害,但唯有以德报怨,把伤害留给自己,把快乐送给别人,才能让世界少一些不幸,回归温馨、仁慈、友善与祥和,这才是宽容的至高境界。

宽容的力量

有一位部门经理在一次外出时手提包被盗,里面除了钱物外,还有公司的公章。

当他又内疚又担心地站在总经理面前讲完所发生的事情后,总经理笑着说:"我再送你一只手袋好吗?你前段时间的工作一直非常出色,公司早就想对你有所表示,但一直没有机会,现在机会终于来了。"

总经理用宽容的态度处理了这件事,使部门经理心怀感激,后来任凭其他公司以多么优厚的待遇聘请他,他都不为所动。

这就是宽容的力量。

心智启迪 宽容本身也是一种沟通、一种美德,更是一种力量。假如我们受到了不公正的待遇或自己身边的人做错了什么,千万不要生气愤怒,而应学会宽容。

宽容的回报

春秋时期,楚王请了很多臣子来喝酒吃饭,席间歌舞曼妙,美酒佳肴,烛光摇曳。

楚王还命令他最宠爱的两位美人许姬和麦姬轮流向各位臣子敬酒。

就在此时,一阵狂风刮来,吹灭了所有的蜡烛,漆黑一片。席上一位官员乘机摸了许姬的手。

许姬一甩手,扯了他的帽带,匆匆回到座位上并在楚王耳边悄声说:"刚才有人乘机调戏我,我扯断了他的帽带。你赶快叫人点起蜡烛来,看谁没有帽带,就知道是谁了。"

楚王听了,并未命令手下点燃蜡烛。

但他大声向各位臣子说:"今天晚上,我一定要与各位一醉方休,来,大家都把帽子脱了痛饮一场。"

如此一来,所有的大臣都没有戴帽子,也就看不出是谁的帽带断了。

后来,楚王攻打郑国,有一个大将独自率领几百人,为三军开路,过关斩将,直通郑国的都城,此人正是当年揩许姬油的那一位。他因楚王当年施恩于他,发誓毕生全力效忠于楚王。

心智启迪 宽容是人和人之间不可缺少的润滑剂。它和诚实、勤奋、乐观等价值指标一样,是衡量一个人气质涵养、道德水准的尺度。宽容别人是对别人的一种尊重、一种接纳。

一封信

美国南北战争期间,有一个名叫罗斯韦尔·麦金太尔的年轻人被征入骑兵营。

由于士兵奇缺,在几乎没有接受任何训练的情况下,他就被临时派往了战场。

在战斗中，罗斯韦尔·麦金太尔担惊受怕，最终开小差逃跑了。后来，他以临阵脱逃的罪名被军事法庭判处死刑。

当罗斯韦尔·麦金太尔的母亲得知这个消息后，向当时的总统林肯发出请求。

她认为自己的儿子年纪轻轻，少不更事，他需要第二次机会来证明自己。

然而，部队的将军们力劝林肯严肃军纪，声称如果开了这个先例，必将削弱整个部队的战斗力。

这样一来，林肯陷入了两难的境地。经过一番深思熟虑后，林肯最终决定宽恕这名年轻人，并说了一句著名的话："我认为，把一个年轻人枪毙对他本人绝对没有好处。"

为此，林肯亲自写了一封信，要求将军们放过罗斯韦尔·麦金太尔，信中提到："本信将确保罗斯韦尔·麦金太尔重返兵营，在服完规定年限的兵役后，他将不受临阵脱逃的指控。"

如今，这封林肯亲笔签名信早已褪了色，却被一家著名的图书馆收藏展览。这封信的旁边还附带了一张纸条，上面写着："罗斯韦尔·麦金太尔牺牲于弗吉尼亚的一次激战中，此信是在他贴身口袋里发现的。"

原来，当罗斯韦尔·麦金太尔得知林肯亲自下令给他第二次机会的时候，他就决定报效国家，由怯懦的逃兵变成了无畏的勇士，并且战斗到自己生命的最后一刻。

心智启迪 人的一生中不可能不犯错，但只有宽恕才能给人第二次机会，只有有了第二次机会才有可能弥补先前犯下的错。

宽容为怀，慈悲为本

在一个村子附近的公路上，常有载满物资的货车经过。

这个村子里的贫穷村民便打起了公路的主意，他们把公路刨得坑坑洼洼，过往货车必然减缓速度，他们便趁机哄抢车上的货物。

一天，有辆载满袋装淀粉的货车途经这条公路，村民们又一次将淀粉哄抢一空。

货车司机没有迅速报案，而是紧跟在抢他淀粉的村民后面进了村。

司机请求村民们还他淀粉，村民们非但不还，还出言不逊，并声称要乱棍打死他。

司机说："你们不还我淀粉也行，但你们千万不能吃它。"

村民们说："抢来的东西我们想吃就吃，想卖就卖，和你没有关系。"

有个村民甚至当着他的面，扯开一袋淀粉的缝线，抓起一把淀粉就要往嘴里塞。

司机见状，大声制止道："不能吃，这是工业用的淀粉，有剧毒！"

那个村民愣住了，硬生生把手收回，他半信半疑地牵来一只狗。狗吃过淀粉后，立即倒地而死。

村民们都震惊了，他们震惊的不是狗的死亡，而是司机宽大的胸怀和善良的心灵。

后来，村民们惭愧地把抢来的淀粉一袋不少地送了回来。

从此以后，再也没有一个村民当车匪路霸，这条公路又恢复了以往的安宁。

心智启迪 宽容并不等于懦弱，这是在用爱心净化世界，而绝不是含着眼泪退避三舍。"投我以木桃，报之以琼瑶"，把宽容插在水瓶中，它便绽出新绿；播种在泥土中，它便长出春芽。所以，学会宽容吧，互相宽容的朋友一定百年同舟，互相宽容的夫妻一定千年共枕，互相宽容的世界一定更加和平美丽。

4. 谦逊有礼

谦逊的画家

有一天,贝罗尼正在日内瓦湖边用心画画,旁边来了三个英国女游客。她们看了他的画,便在一旁指手画脚地批评起来。一个说这儿不好,一个说那儿不对,贝罗尼都一一修改过来,最后还跟她们说了声"谢谢"。

第二天,贝罗尼有事到另一个地方去,在车站看到那三个英国女游客,正交头接耳议论着什么。

过了一会儿,那三个英国女游客看到了贝罗尼,便朝他走过来,问他:"先生,我们听说大画家贝罗尼正在这儿度假,所以特地来拜访他。请问你知不知道他现在在什么地方?"

贝罗尼朝她们微微弯腰,回答说:"不敢当,我就是贝罗尼。"

三个英国女游客大吃一惊,想起前一天的不礼貌,一个个红着脸跑掉了。

心智启迪 有素养的人在态度上往往很谦卑,因为他们希望自己能够精益求精,更上一层楼。也正因为如此,他们往往具有容人的风度和接受批评的雅量,就如同伟大的画家贝罗尼一样。这种谦逊有礼的品质正是值得我们学习的。

虚心的态度最可贵

麦哈尼专门经销石油行业使用的特殊工具。

一次,麦哈尼接受了长岛一位重要主顾的一批货的订单,图纸呈上去,得到了批准,工具便开始制造了。

然而,一件不幸的事情发生了:那位买主同朋友们谈起这件事,他们都警告他,他犯了一个大错,他被骗了。一切都错了,太宽了,太短了,太这个,太那个,他的朋友把他说得发火了。

于是,这位买主打了一个电话给麦哈尼,发誓不接受已经在制造的那批器材。

麦哈尼事后说:"我仔细查验过了,确认我方无误。我知道他和他的朋友都不知所云,可是,如果这样告诉他,将很危险。我到了长岛。当我走进办公室,他立刻跳起来,一个箭步朝我冲过来,话说得很快。他显得很激动,一面说一面挥舞着拳头,竭力指责我和我的器材,而我却耐心地听着。结束的时候,他说:'好吧,你现在要怎么办?'

"我心平气和地告诉他,我愿意照他的任何意见办。我说:'你是花钱买东西的人,当然应该得到适合你用的东西。可是总得有人负责才行啊!如果你认为自己是对的,请给我一张制造图纸,虽然我们已经花了2000元钱,但我们可以不提这笔钱。为了使你满意,我们宁可损失2000元钱。但我得先提醒你,如果我们照你坚持的做法去做,你必须负起这个责任。如果你放手让我们照原定的计划进行,我相信,原计划是对的,我们可以负责。'

"他这时平静下来了,最后说:'好吧!照原计划进行。但若是错了,上帝保佑你吧。'

"结果没错。于是他答应我,本季度还要向我们订两批相似的货。

"当那位主顾侮辱我,在我面前挥舞拳头,而且还说我外行的时候,我要维护自己而又不同他争论,真需要有高度的自制力。的确,我们常常需要极度的自制,但结果很值得。要是我说他错了,开始争辩起来,很可能要打一场官司，感情破裂，损失一笔钱，失去一位重要的主顾。所以我深信，用这种方法来指出别人错了是划不来的。"

心智启迪 所谓虚心，就是能够自觉修正错误，敢于接受真理。虚心的态度无论在何时何地都能让你受益匪浅，使你获得生意上、名声上、人品上及人际关系上的诸多收益。

学会尊重他人

一天，一个40多岁的中年女人领着一个男孩走进美国著名企业"巨象集团"总部大厦楼下的花园，在一张长椅上坐了下来。她不停地跟男孩说着什么，似乎很生气的样子。

此时，在不远处有一位头发花白的老人正在修剪灌木。

忽然，中年女人从随身挎包里揪出一团白花花的卫生纸，一甩手将它抛到老人刚剪过的灌木上。

老人诧异地转过头朝中年女人看了一眼。中年女人也满不在乎地看着他。老人什么话也没有说，走过去拿起那团纸扔进一旁装垃圾的筐子里。

过了一会儿，中年女人又揪出一团卫生纸扔了过去。

老人再次走过去把那团纸拾起来扔到筐子里，然后回原处继续工作。

可是，老人刚拿起剪刀，第三团卫生纸又落在了他眼前的灌木上……就这样，老人一连捡了那中年女人扔的六七团纸，但他始终没有露出不满和厌烦的神色。

"你看见了吧！我希望你明白，你如果现在不好好上学，将来就跟他一样没出息，只能做这些卑微低贱的工作！"中年女人边指着修剪灌木的老人，边对男孩说道。

老人放下剪刀走过来，对中年女人说："夫人，这里是集团的私家花园，按规定只有集团员工才能进来。"

"那当然，我是'巨象集团'的员工，就在这座大厦里工作！"中年女人高傲地说着，同时掏出一张证件朝老人晃了晃。

"我能借你的手机用一下吗？"老人沉默片刻后说。

中年女人极不情愿地把手机递给老人，同时又不失时机地开导儿子："你看这些穷人，这么大年纪了连手机也买不起……"

老人打完电话后把手机还给了妇人。很快一名男子匆匆走过来，恭恭敬敬地站在老人面前。

老人对那名男子说："我现在提议免去这位女士在'巨象集团'的职务！"

"是，我立刻按您的指示去办！"男子应道。

老人吩咐完后径直朝男孩走去，他用手抚了抚男孩的头，意味深长地说："我希望你明白，在这世界上最重要的是要学会尊重每一个人……"

说完，老人缓缓地走开了。

那个中年女人被眼前骤然发生的事情惊呆了。

原来，那个修剪灌木的老人就是集团总裁——詹姆斯先生！

　　尊重他人是每个人都应具备的品德，如果你不懂得尊重别人，同样你也不会得到对方的尊重。

礼貌的力量

史密斯既是一个传教士，又是一个犹太人。

当他被派到德国一个小镇上传教的时候，因为自己犹太人的身份，这里的居民都对他横眉冷对，都像惧怕瘟疫一样对他避之唯恐不及，对他也没有什么好感。

史密斯非常和蔼，非常有礼貌，他从来都不在意居民对他的态度。他有个习惯，就是每天早上都要去乡间的小路上散散步，每次在乡间的小路上逢人就打声招呼、问声好。

有一个很勤劳的年轻农民叫吉尔，他总是早早地就来到自己的田里干活。

每次史密斯从他的地头经过的时候，总会摘掉帽子，礼貌地低头说一声："早安，吉尔先生。"

然而，吉尔并不买账，他像村里的其他村民一样，对史密斯也没有好感，每次他就像没有看见史密斯一样，连头也不抬一下。

尽管如此，有礼貌的史密斯依然没有改变自己遇人打招呼的习惯，一直延续到了纳粹党上台的那一天。

史密斯被关进了集中营，他每天游走在一个一个的集中营里，一直到被送到奥斯维辛集中营的那天，他远远地看到营区中的一个指挥官手里拿着指挥棒，向左指一下，向右指一下。

史密斯知道，发派到左边的人就只有死路一条，而发配到右边的还有生还的机会。

就在他紧张万分的时候，突然听到有人叫自己的名字"史密斯"，他紧张地应了一声"到"。就在这时，那个手拿指挥棒的军官转过身来，两个人的目光相遇了，史密斯认出了他是谁。原来他就是以前他经常打招呼的吉尔，史密斯下意识地说了一句："早安，吉尔先生！"

听到问候，吉尔那双原本冷酷无情的眼睛突然有了一丝温情。随后，吉尔平静地回答道："早安，史密斯先生。"

接着，他举起指挥棒对史密斯说了一个生死攸关的字："右！"

心智启迪　有时在不经意间撒下的那粒真诚的种子，往往会在你意想不到的时候开花结果。正如故事中的史密斯用他的礼貌换来了生命。可以说，这就是礼貌的力量。

生活中的小事

今天是李小刚搬进新居的第一天，好友都纷纷来为他庆贺。

在送走了那些前来祝贺的亲朋好友后，李小刚刚想休息一下，这时门铃响了。他心想：这么晚了怎么还会有客人来呢？当他打开门一看，门外站着两位他不认识的中年男女，他们看上去像是一对夫妻。

正在李小刚疑惑时，那位男子先介绍说："你好。我姓王，是楼下的住户，前来向你祝贺乔迁之喜。"

李小刚惊喜地说："原来是邻居啊，快请进！"

王先生连忙摇头说："不麻烦了，不麻烦了，我们还有一件事情要请你帮忙。"

"别客气，有什么事情需要我效劳的？"李小刚说。

"你以后出入防盗门的时候，可不可以轻点关门，我们住在一楼，老父亲心脏不太好，受不了重响。"王先生用请求的口吻说道。

李小刚沉默了片刻，回答说："当然没问题，就是有时候着急顾不上了。不过，为什么你父亲受不了惊吓，还要住在一楼呢？"

王太太连忙解释道："其实，我们也不喜欢住在一楼，夏天的时候，那里还很吵。但是，我公公的腿脚不好，还有心脏病，心脏病患者需要适度的活动。"

王太太的话让李小刚的心里顿时一阵感动，他答应以后会小心的。

王先生和王太太对李小刚万分感谢，弄得他也挺不好意思。慢慢地，李小刚发现他们的公寓门与别处的公寓门的确不同，所有的住户在开关防盗门时，都是轻手轻脚的，绝没有其他公寓"咣当"一声巨响的现象。一打听，果然都是受王先生所托。

时间过得很快，转眼一年过去了。一天晚上，王先生夫妇又按响了李小刚家的门铃。夫妻二人一见到李小刚，二话没说，先给他深深鞠了个躬，而且持续了很长时间。李小刚急忙扶起他们。看到王先生的眼睛红肿，便询问发生了什么事情。

原来在昨天夜里，王先生的父亲病故了。临终前，老爷子曾交代王先生：这些年来给大家带来了不少麻烦，非常感谢各位对自己的照顾。他要求王先生见到年纪大的邻居叩个头，年纪轻的鞠个躬，以此来表示对大家的感激之情。

听到这里，李小刚看到在王先生笔挺裤子的膝盖处果然有两块灰迹，想必是给年长的邻居叩头时粘上的。

送走了王先生夫妇，李小刚感慨万分：轻轻关门只是举手之劳，居然换来了别人如此大的感激……

心智启迪 人际交往中的真诚不等于双方毫无保留地相互袒露，它要求我们本着善意和理解，把那些真正有益于对方的东西系上美丽的红丝带送给对方。只有真诚待人、克己为人的人才会受人尊敬，哪怕只是做了一点小事，也会换来别人的感激之情。

生命中的贵人

1973年，梁冰出生在河南周口一个偏僻的农村。他一直学习优异，是村里有名的聪明孩子。可是，靠家里的二亩薄田根本供不起一个大学生。

到了1993年他上大二时，家里已经拿不出学费了。为了筹集学费、自力更生，平时就很要强的梁冰动员同寝室的三位学生，一起组建了一个装修工程队，接手了一个3.6万元的大楼内装修工程。

他们从老家找来了工资最便宜的工人，按时将工程完成，然后兴奋地期待着能够挣到的两万元"巨款"。但是，还没有向业主交接时，大楼通水试暖气，墙面爆裂，装修工程全部泡了汤。

于是他们四个人靠着一个学生从家里偷出来的几百元钱，连夜坐火车跑到了几千千米外的新疆阿克苏市去躲债了。

梁冰他们赶到新疆原本是去投奔一位学生在那里经商的大哥。可到了新疆后，他们却如同被泼了一盆冷水——学生的大哥只是开了一个几平方米的小店，根本无力收留他们，只是给了他们4个人20元钱、4把铲子和一辆自行车，让他们到森林里去挖甘草卖钱。

当时，每千克甘草只卖几角钱，四人一天最多只能挖40千克左右，挣十几元钱。后来，梁冰几个人靠卖甘草积累的经验，又在建材厂做销售。他们的聪明才智和勤奋工作使厂里的销售业绩蒸蒸日上，效益接连攀升。

有了一定的积蓄之后，梁冰开始筹划自己创业。他组织成立了一个生产饼干的食品厂，结果产品非常畅销。

1996年，23岁的梁冰乘飞机离开新疆谋求新的发展时，他的存款已经超过了20万元。

离开新疆后，梁冰偶然在一次聚会上遇到了衡水京华焊管总厂的厂长杜双华，两人相谈甚欢。杜双华得知梁冰曾经的销售业绩后就力邀他到自己的厂里担任驻南昌办事处的主任。

一年的时间，梁冰负责的南昌办事处销售量达到全厂产能的六分之一，稳居各办事处前列。他很快就被公司调回总部，全面负责厂里的销售工作。

之后，梁冰曾尝试自己开公司发展，可是血本无归。正在危难之际，他又遇到了杜双华，他原来工作过的衡水京华焊管总厂已经发展成为一个大型的集团，并准备在山东省日照市成立钢铁公司。

这时身为老总的杜双华再次力邀梁冰加盟，为钢铁公司筹集资金。梁冰偶然接触了河南天宇钢结构彩板有限公司，发现钢结构行业正处于成长期，力促日照钢铁集团与河南天宇钢结构彩板有限公司联姻。

2003年，日照钢铁集团与河南天宇钢结构彩板有限公司合作，成立了河南日钢天宇钢构工程有限公司。公司成立之后，梁冰被调回日照钢铁集团销售部门工作。

然而，就在半年多的时间里，新成立的河南日钢天宇钢构工程有限公司由于种种原因遭遇经营危机，工人工资连续四个月未发，一线工人纷纷离职，技术骨干准备集体跳槽，应收账款无人负责，应付账款不能及时支付，遭多起诉讼，市场濒临崩溃。

2005年初，梁冰临危受命，出任河南日钢天宇钢构工程有限公司执行总裁。他掏出自己的100多万元积蓄用于补发工人的工资，很快稳定了人心。

紧接着，他又召开公司供需单位联谊会，当场签订还款协议书，以坦诚的沟通取得了供货单位的理解。为了迅速占领市场，梁冰在公司提出"宁可让利，不让市场"的营销策略，以总是低于其他公司价格的方式迅速使公司业务得到大幅的增长。

后来，梁冰个人资产已经超过2000万元，在担任数亿资产的河南日照钢铁天宇钢构工程有限公司总裁的同时，还独立创办了4家公司。

心智启迪 在你的周围，有许多朋友可以在你最艰难的时刻为你解忧。结识生命中的贵人，能使你"腾空万里，飞云直上"。不过，你要切记：想要得到别人的赏识，就要懂得在社交场合尊重他人。在社交中，切不可以自我为中心。在沟通中，千万不要伤害对方的自尊，否则，受损失的一定是你自己。

5. 诚实守信

真诚的话语

　　有一个男孩出生于纽约的布鲁克林区，10岁时父亲因心脏病去世，从此靠着救济金生活。由于从小就向往电台主播这个职业，所以他从学校毕业后，就先到迈阿密的一家电台当管理员，经过一番努力才坐上主播台。

　　他主持的第一天，心情紧张得不得了，于是不断地喝咖啡和开水来润嗓子。节目开始时，他先播放了一段音乐，就在音乐播完，准备开口说话时，喉咙却像是被人割断似的，居然一点声音也发不出来。

　　结果，他连播了三段音乐，却仍然一句话也说不出来。这时，他沮丧地发现："原来，我还不具备做专业主播的能力，或许我根本就没胆量主持节目。"就在这时，老板突然走了进来，对着满脸丧气的他说："你要记得，这是一项沟通的事业！"

　　听到老板的话，他再次努力地靠近麦克风，并尽全力开始他的第一次广播："早安！这是我第一天上电台，我一直希望能上电台……刚刚我已经播放了主题音乐……但是，现在的我却口干舌燥，非常紧张……"他就是这样结结巴巴地说了一长串，只见老板不断地开门提示他："这是一项沟通的事业啊！"

　　在老板的支持下，他重新找回了自信。从此以后，他不再紧张了。因为第一次广播经验告诉他只要能说出心里的话，人们就会感受到你的真诚。

他就是美国有线电视新闻网著名的脱口秀主持人——拉里·金。

心智启迪 一位哲学大师曾经说过:"生命本身是一张空白的画布,随便你在上面怎么画。你可以将痛苦画上去,也可以将完美的幸福画上去。"如果你能保持一颗真诚的心,就一定会得到别人的肯定和赞赏,更会收获成功的喜悦。

一诺千金

以前,有一个人拥有一个很大的庄园,家境富有。

不幸的是,庄主的小儿子不慎从悬崖上坠落身亡。庄主伤心欲绝,将儿子葬在自己庄园一个风景秀丽的草地里,并修建了一个小小的陵墓,以做纪念。

数年后,老庄主家道衰落,他不得不将这片土地转让。

但出于对儿子的爱,他对土地的新主人提出一个要求——把孩子的陵墓作为土地的一部分,永远不要毁坏它。

土地的新主人答应了他的请求,并把这个条件写进了契约。这样,孩子的陵墓就被保留了下来。

一个世纪过去了,这片土地不知道辗转卖过了多少次,也不知道换过了多少个主人,孩子的名字早已被世人忘却,但孩子的陵墓仍然还在那里。

后来,这片土地被选中作为格兰特将军陵墓。政府成了这块土地的主人,无名孩子的墓依然完整无损地保留了下来。

格兰特将军陵墓建立一百周年时,为了缅怀格兰特将军,当时的纽约市长朱利安尼来到这里。

那时,刚好是无名孩子去世两百周年的时间,朱利安尼市长亲自撰写了这个动人的故事,并把它刻在木牌上,立在无名小孩陵墓的旁边,让后代铭记诺言的力量。

心智启迪 故事中,一个历史缔造者格兰特将军之墓和一个无名孩童之墓毗邻。其中蕴含着"一诺数百年"的伟大意义。信守承诺是一种力量的象征,它显示了一个人高贵的品质和至高无上的修为,我们要做一个诚实守信的人。

伟大的商人

16世纪末,一个荷兰商人为了避开激烈的海上贸易竞争,率领十几名船员出航,船上还装有许多别人委托他们捎走的货物,他的目的是从荷兰往北开辟一条新的到达亚洲的航行路线。

没过多久,他们的船行驶到了北极圈内的一个小岛上。船行驶在北极区域是非常危险的,荷兰商人很想快速行驶过去,但是担心的事情还是发生了。

一天清晨,船员们突然发现海面出现了大量的浮冰,船随时有被冰封的危险。若在此时返航,后面的路程可能浮冰更多。

无奈之下,他们只能把船停泊在岛屿旁边,等待天气转暖。可这一等就是数月的时间,因为北极是地球上最寒冷的区域之一,年均气温在零下四五十度,暖和的天气屈指可数。为了抵御寒冷,荷兰商人拆掉了船上的甲板做燃料,用来保持体温。

这里的动物也是非常少的,只是偶尔能够打一些猎物来获取食物和衣服。在他们等待天气转暖期间,有几名船员因身体虚弱无法抵抗严寒而相继死去了,荷兰商人悲痛万分。

尽管如此,他们却未动别人委托他们捎走的货物——足以挽救他们生命的衣物、罐装食物和药品。

终于,荷兰商人和其他几名船员等到了海上的冰雪融化。

他们加速行进,最终把货物完好无损地带回了荷兰,交送到了委托人手中。当委托人看到这些货品时,他们震惊了,无不佩服荷兰商人的信誉和诚意。

后来，这件事轰动了整个欧洲，同时给整个荷兰带来了利润——赢得了海运贸易的世界市场。

从那以后，荷兰几乎垄断了全欧洲的海运贸易，甚至发展到了地球的每一个角落，成为整个世界的经济中心和最富庶的地区。而这一切，正源于荷兰商人船队坚守诚信的精神和商业法则。

心智启迪 巴尔扎克曾经说过："遵守诺言就像保卫你的荣誉一样。"荷兰商人真正做到了这一点，他和船员们用生命换回的诚信不仅仅是金钱，更是一种精神。一个人可以一无所有，但千万不能没有诚信，因为"人无信不立"。

帕尔克和杰米

帕尔克和杰米都是十分热爱大自然的人，经常在休假期间一起结伴去旅行。

这一天，两个人一起坐火车前往一个小地方旅游。到了地方，他们住进了一家预订好的旅馆。这个旅馆已经有几十年的历史了，久负盛名。很多到此地旅游的外来游客都会将这里作为首选住址，当然这里的价格不菲。

旅馆的老板娘是一个很可怜的女人，她的丈夫在二战期间不幸身亡。这么多年来，都是她一个人在打理这个祖辈留下来的旅馆，她本人是一个和蔼善良的人。

帕尔克和杰米见老板娘是一个和善之人，在这里住了多日以后，便和老板娘熟识起来。旅行结束的前一晚，他们和老板娘共进晚餐后就各自回房间休息了。

第二天，当帕尔克和杰米离开旅馆的时候，老板娘把帕尔克拉到了一边，对他说："真的很感谢你们，这几天我非常快乐。我想，这是我最宝贵的财富，我会将这段难忘的时光牢记在心中。我知道你们的名字，我记在了登记簿上，可我分不清谁是谁，请把你们的联系地址和名字留下吧！"老板娘边说边递给帕尔克一支笔和一个本子。

帕尔克是一个反应灵敏的人，他认为留下地址和名字很可能会有不必要的麻烦，于是，他在老板娘的本子上留下了杰米的名字和地址。

日子一天天过去，帕尔克也渐渐地淡忘了这件事。

两年后的一天，杰米给他打来了电话："喂！帕尔克，你还记得两年前我们旅行时那个旅店的老板娘吗？昨天我收到了当地的律师事务所给我寄来的一封信。信上说老板娘去世了，她在遗嘱中将她的旅馆和一大笔钱都留给了我。这到底是怎么回事呢……"

心智启迪 人生有很多出乎我们意料的事情，谁也无法预测到当你失去某种东西的时候，会不会有一份大礼降临在你的头上。但如果你能够多一点坦白和真诚，你就会发现获得竟然如此简单。

季布的故事

秦朝末年，在楚地有一个叫季布的人，他为人真诚和善，乐于助人，是远近闻名的大侠士。

大家都知道，只要是季布答应朋友的事情，无论多么困难，他都会设法办到，不会失信于人。

楚汉相争时，季布成为项羽的部下，曾几次献策，每次都使刘邦的军队吃败仗。后来，刘邦当了皇帝后，想起这事就痛恨不已，想要捉拿季布问罪。

由于季布为人侠义，很多朋友都在暗中帮助他。

一天，季布经过化装后到山东一家姓朱的人家当用人。朱家明知他是季布，仍收留了他，并将其当作上宾一样招待。不仅如此，朱家又到洛阳去找刘邦的老朋友夏侯婴说情。刘邦在夏侯婴的劝说下撤销了对季布的通缉令，还封季布做了郎中，不久又封他做河东太守。

季布很感谢朱家的收留之恩，他允诺一定要报答朱家的大恩。

后来，季布信守诺言的故事在楚地到处流传，还有了"得黄金百斤，不如得季布一诺"的说法。

心智启迪 信守诺言的季布为我们树立了榜样。守信是做人最起码的要求，我们每个人都希望被真诚对待，那么首先自己就要真诚。

成功源于诚实

有一个男孩出生在一个贫苦的农家。

为了减轻家里的经济负担，他很想自己做点买卖，但因为"没有本钱，什么都没有"，他只好从几乎不需要本钱的小买卖开始做起。

这样的小本生意维持了近十年，1993年的一天，他终于等到了大展拳脚的机会。

一个台湾人回乡探亲，一个偶然的机会了解到了他的情况。后来台湾人亲自与他交谈，他把自己对空调产业的看法及个人的情况告诉了台湾商人，台湾商人对他的口才及对市场的敏锐眼光很欣赏。

后来，这个台湾人决心投资志高空调。当时他投资600万，占49%的股份。之后他成功地渡过了空调价格大战危机和台资撤离危机。虽然两次打击几乎将他和企业推向崩溃，但他挺了过来。

之后，志高空调进入了快速发展期。

2002年，他与韩国现代集团高层直来直去地对话。一个月后，在中国四处寻找合作伙伴的现代集团，最终圈定了志高，并放弃了控股的初衷，投资近亿元的合资公司由志高控股。他兼任董事长、总经理，并获得全权的经营权和现代品牌的使用权，负责其在中国市场空调业的整个业务，甚至包括出口业务。

如今，他成了广东南海民企群落中一个传奇式人物，长期在传媒视野之外默默生活。他多年打拼于恶斗市场，却信守"宁可别人负我，不可我负别人"的格言；出身闾巷中年发达，对财富的理解却如儿童一般：有钱就不会饿肚子！这就是志高空调董事长——李兴浩。

心智启迪 当年他凭借一腔肺腑之言道出了空调产业的发展前景,不仅获得了台湾商人的信任,而且为后来成为企业掌门人奠定了坚实的基础。可以说,他的成功源于诚实,他的企业发展有赖于诚信。可见,真诚是我们追求理想时不可或缺的精神品质,是实现理想最简单且最实用的秘诀。

诺言无价

3岁时,杨毅成的父亲就去世了,母亲郑氏一个人难以维持家里的生活,就带着他回到娘家住。外公见杨毅成聪明伶俐,又没了父亲,怪可怜的,因此格外疼爱他。

杨毅成的外公是当地有名的学者,在乡里很有威望。由于家里上学的孩子多,外公就请了个教书先生,办了个学堂,当时叫私塾。杨毅成和表兄弟们都在自家的学堂里上学。

杨毅成的外公是位很严厉的老人,尤其是对他的孙辈更是严加管教。私塾开学的时候,杨毅成的外公就立下规矩——无故不完成作业的人按照家法重打二十大板。杨毅成和表兄弟们立下契约,表示坚决遵守外公的规定。

一天上午放学后,杨毅成和他的几个表兄去小河里游泳,由于玩得太尽兴了,大家都忘了完成先生上午留的作业。

后来,这件事被外公知道了,外公把他们叫到书房里,狠狠地训斥了一顿。然后按照规矩,每人都挨了板子。但是,表兄们为了维护杨毅成,都说他没有去游泳。外公也就相信了。可是,杨毅成心里很难过,他想:我和哥哥们犯了一样的错误,不能不守信呀,犯了错误就应该受到惩罚。

于是,杨毅成便自己拿板子对着自己的手心打了二十大板。

外公后来发现了,心疼地问杨毅成:"究竟是谁给打的?"

杨毅成说明了真相,说:"这是私塾里的规矩,我们都向外公保证过触犯规矩甘愿受罚,否则就是不遵守诺言。哥哥们都按规矩受罚了,我也不能例外。"

外公被杨毅成这种遵守学堂的规矩、诚心改过的精神感动了。他连连点头，称赞杨毅成是个诚实的好孩子。

后来，杨毅成成了北宋时期的名臣，并以守信而闻名天下。

 诚实是一种力量的象征，它显示着一个人的高度自重和内心的安全感与尊严感。我们要学习杨毅成守信的美德。

诚实的推销员

有一次，推销大王原一平在电话里交涉一件公务，对方是位第一次接洽的客户。"喂，您好，您是本田君吧？我是明治保险公司的原一平。昨天晚上我跟您的一位朋友山本在一起，他跟我谈到您，谈了半天，我们一致觉得您相当够朋友。我希望有机会跟您见个面，大家认识一下。"

"您太客气了！我想山本是不会说我好话的，要不然就是这家伙喝醉了。我猜您是准备向我推销保险吧！"本田说道。

"保险？本田君，您不一定需要保险啊！我只是想跟您认识认识。我们一起吃中饭怎么样？"原一平说道。

"您别费心啦，我是不会买保险的！"本田说道。

"这样吧，我保证不谈保险可以吧！山本觉得我们俩应该认识认识，他说我们一定会谈得很投机！"原一平说道。

"别胡扯啦！"本田说道。

"本田君，您也许不知道，我很喜欢交朋友，并不是卖保险的人所交的朋友都是买保险的客户。我们碰个面，这对您并没有什么损失啊！我真的只是跟您见个面，交个朋友而已。"原一平说道。

"不行，我下礼拜忙得很。"本田说道。

"没关系，我们月底碰个面怎么样？您看星期四好，还是星期五好呢？"原一平说道。

"喔，星期五通常比较好，不过……"本田说道。

"好吧，那我们暂时先定星期五好了，就这么说定了。如果有事的话，您再打电话给我好啦。真的，如果能跟您认识，那实在是一件挺愉快的事！"原一平说道。

"好吧，那就先这样吧！"本田说道。

相约的时刻到了，原一平果然没有失信，他在约会中绝口不提保险的事，只跟对方津津有味地谈他的生活及来东京的经过，还有他所受的教育、他的家庭和事业。

对方也问了原一平一些个人问题，原一平都老实地回答了，谈论话题也很自然地转到对方身上。

前后只不过20分钟的时间，对方竟然已把原一平当老朋友看待，他的防卫逐渐瓦解了，话题也很自然地转到保险上。

"没想到您是这样的一位老实人。我目前买了几份保险，我想听听您的意见，也许我应该放弃这几份，然后重新向您买一些划算的。"本田说道。

可是，这个时候原一平并没有怂恿对方去卖掉目前的保险。

原一平说："已经买了的保险最好不要放弃。想想看，您在这几份保险上已经花了不少钱，而保费是愈付愈少，好处是愈来愈多，经过这么多年，这几份保险已经愈来愈划算了。只是，我可以就您的需要和您现有的保险合约特别为您设计一套，然后您自己可以比较一下。如果您不需要买更多的保险，我会劝您不要浪费那些钱。"

于是，他们就这样轻松地讨论保险，而原一平也将他的保险专业知识展露无遗，他自始至终遵循的原则就是——诚实不欺。

最后，原一平告诉对方："您不需要再买保险了！我看不出您有什么理由需要再买那么多的保险！"

原一平的言语中透露着诚恳，而他坚持邀约对方实在也是因为他乐于结交朋友。对此，他自己解释说："我喜欢交朋友，而且绝对不说假话。我即使不推销保险，我也要别人接纳我呀！对方也许不需要买任何的保险，但是只要能让他交上我这个朋友，总有一天这层关系就会派上用场。他迟早会对他的朋友说：'要买保险，就找原一平。'做人千万不可虚伪，只要你说了一句谎话，四周的人总会知晓，从此将会看轻你这个人。"

心智启迪 诚实无异于双向行车道，而且是能帮助你达到最终目的的唯一途径。请把真诚作为你为人处世的一条基本原则，切勿因小聪明误了自己的一生！

一个律师的原则

刘明是一位律师。当律师后，他给自己订立了一个规矩——只为蒙冤而需伸张正义者辩护。

多年以来，刘明一直信守着自己的承诺。

有一次，一个富翁请刘明为他辩护。刘明听了那个客户的陈述，发现那个人是在诬陷好人，于是说："很抱歉，我不能替您辩护，因为您的行为是非正义的，我有自己的做事原则和承诺。"

"难道你不想挣钱吗？我就是想请你帮我打这场不正义的官司，只要我胜诉，你要多少酬劳都可以。"富翁说道。

刘明义正词严地说："只要使用一点点法庭辩护的技巧，您的案子很容易胜诉，但是案子本身是不公平的。假如我接了您的案子，当我站在法官面前讲话的时候，我会对自己说：'刘明，你在撒谎。'谎话只有在丢掉良心的时候，才能大声地说出口。我不能丢掉良心，也不可能讲出谎话。所以，请您另请高明，我没有能力为您效劳——我必须信守自己的诺言和原则！"

心智启迪 康拉德·希尔顿说过："任何情形下，都不要欺骗任何人。说话算话，这点绝对不能违背。"在正直的人看来，无论是对他人许下的诺言，还是对自己许下的诺言，都是无价的，这是正直的人为人处世的基本准则。

铁匠和木匠

一天，一个木匠来到一个铁铺，对铁匠说："请给我做一柄最好的锤子，千万不要吝惜你的力气呀。"

"我这里卖出的每一柄锤子都是最好的——这一点，我保证。可是我的锤子很贵的，你出得起那么高的价钱吗？"铁匠非常自信地说道。

"会的。因为我需要一柄好锤子。"木匠说。

两个人达成了一致，铁匠和木匠成交了。

最后，铁匠交给木匠的的确是一柄很好的锤子。

对于这位木匠来说，他做木工十多年，用过不少锤子。可是，他还从来没有见过哪柄锤子比这柄更好。

木匠对这柄锤子非常满意。回到工地后，他不住地向同伴炫耀他的新工具，引起了大家的兴趣。

第二天，很多木匠都跑到铁铺，每个人都要求订制一柄最好的锤子。这些优质的锤子很快被工头发现了，于是，工头也来给自己订了两柄，而且要求比前面订制的都好。

铁匠说："抱歉，这我可做不到。因为我打制每柄锤子的时候，都是尽可能把它做得最好，我不会在意谁是主顾。"

后来，一个五金店的老板听说了此事，一次在铁匠这里订了二十多柄锤子。

慢慢地，这位铁匠成了远近闻名的铁锤制造大王，后来成了百万富翁。

心智启迪 "信用是一种现代社会不可或缺的个人无形资产。诚信的约束不仅来自外界，更来自我们的自律心态和自身的道德力量。"在这个世界上，只有真诚地付出，别人才会回报给我们以尊敬和支持，成功之门才会向我们敞开。

逃亡中的惊喜

春秋时期，晋献公听信宠妃骊姬谗言，陷害重耳和夷吾，两人先后出逃。晋献公病逝，逃到梁的夷吾回国继位，即晋惠公。晋惠公担心重耳回来夺他的王位，于是派人去刺杀重耳。重耳又开始了他第二次的逃亡生涯，他先后经过卫、齐、曹、宋、郑等国，最后逃到了楚国。

楚成王并没有把重耳视为一个落难公子，而是以诸侯国君的礼节接待了他。在临行前的一个宴会上，楚成王向重耳发问道："若你将来当上了国君，要如何报答我啊？"

重耳思考片刻，认真地回答道："金银财宝、美女、丝绸，您都不缺。有朝一日我回到能够晋国为君，如果晋楚两国发生战争，那么我一定命令晋军退避三舍，以报答您今日的恩惠。但是，如果我退避三舍仍得不到您的谅解，那么我也只能全副武装与您周旋了。"重耳说道。

两个人的问答，既是玩笑之言，又是严肃的外交辞令，双方思索的都是未来之事。重耳巧妙的回答既表达了对楚王报恩的诚意，又体现了维护国家和个人尊严的原则。后来，重耳从楚国来到了秦国，秦穆公同样对重耳十分优待。

公元前636年，重耳终于结束了他多年的逃亡生活，在秦穆公的帮助下回国即位，即晋文公。他在谋士狐偃、赵衰等人的辅佐下，用短短几年的时间便使晋国具备了称霸中原的条件。

几年后，晋楚两国终于为称霸中原发生了大规模的战争。晋文公在楚军进逼的情况下，依然履行了当年对楚成王的承诺，命令全军退避三舍。此军令一下，晋军将士极为不满，认为不该后退。

然而，晋文公此举是为了报答楚成王的恩惠，而且还能暂避楚军的锋芒，骄纵了楚军，进而选择了有利于己而不利于敌的战场，是一种政治上争取主动，军事上诱敌深入，后发制人的谋略。

晋文公的退避三舍，果然没有得到楚成王的谅解，楚军依然不依不饶，这时，晋文公当然要兑现自己的第二个诺言：全副武装与之周旋。于

　　是，晋文公命狐毛狐偃兄弟率上军进攻楚军之左翼，命栾枝率下军进攻楚军之右翼，另派一支伏兵，待楚军败退后，好去截杀。次日清晨，两军在城濮摆开阵式，楚军早已被骄横之气迷失心智，将士们意志松懈，认为此战势在必得，根本不把晋军放在眼里。俗话说：骄兵必败。这次晋楚两军的大战当然不会例外。数小时后，楚军左右两军尽失，中军也随之败退。

　　城濮一战后，楚军势力退出中原，晋国成了名副其实的中原霸主，晋文公重耳从此也被史家列为了春秋五霸之一。

心智启迪　　不失信于人是做人之根本。有时，诚信可以为你赢得万人的喝彩，甚至是精彩的人生！

6. 感恩戴德

一个骑士的故事

从前,有个骑士骑马穿越森林的时候,迎面走来一头一瘸一拐的狮子,狮子举起一只脚给他看。

骑士跳下马来,从狮子脚上拔出了一根尖刺,又在它的伤口上涂了一些药膏,狮子脚上的伤口很快就愈合了。过了一些时候,国王到森林里打猎,捉住了这头狮子,并把它关起来养了好多年。

后来,骑士冒犯了国王,就逃到从前常常打猎的那个森林里躲起来。他在那儿拦路抢劫,杀害了许多路人。

国王不能再容忍,派军队将他捉住,并判处他受饿狮吞噬之刑。

骑士就这样被抛进狮窟,恐惧地等待被吞噬的时刻。不料狮子仔细地把他打量了一番,记起他就是从前的那个朋友,于是,亲昵地偎在他身旁。

一人一兽就这样过了七天七夜,没吃一点东西。

这消息传到国王耳朵里,他惊奇不已,叫人把骑士从狮窟中带上来。

国王问:"你用什么方法叫狮子不伤害你?"

"陛下,有一次我骑马路过森林,这头狮子一瘸一拐地走到我面前。我从它脚上拔下一根刺,后来又治愈了它的伤口,因此它饶了我。"

国王从中深受感触,连忙说道:"好,既然如此,那你就好好改过自新吧!"

心智启迪 当你用爱感恩别人的时候，其他人也会因为你的感恩而感恩你。每个人都是你生命中的贵人，你越懂得对生命中发生的事感恩，你生命中的幸运就越多。就像故事中的骑士为狮子包扎伤口，狮子因为感恩而没有伤害骑士，国王因为狮子感恩骑士而深受感动，于是赦免了骑士。

爱踢足球的男孩

有一个男孩非常热爱踢足球，但男孩的家境实在是太贫寒了，根本没有多余的钱来买足球。

尽管如此，男孩仍然没有放弃，他找来塑料盒、汽水瓶、椰子壳，总之是见到什么就踢什么。

一天，男孩捡了一个汽水瓶，在巷口的一片空地上练习。这时，刚好一位足球教练经过，看到他踢得有模有样，于是就主动提出送给他一只足球。

小男孩得到足球后，十分感谢这个足球教练，踢得更卖力了。不久，他就能准确地把球踢进远处随意摆放的一只水桶里。

圣诞节的那天，男孩想送给他的恩人一份礼物，可是哪有钱来买礼物呢？他想了一会儿后，向妈妈要了一把铲子，跑了出去，他来到一处别墅前的花园里，开始挖坑。

就在他快挖好的时候，从别墅里走出一个人来，问男孩在干什么，男孩抬起满是汗的脸说："教练，圣诞节快乐！我没有钱给您买礼物，所以想给您挖一个放圣诞树的坑。"

教练听了这话，感动地对男孩说："这是我今天得到的最好的礼物。"

后来，男孩破例被这个教练收入了他的球队。

几年后，这个年仅17岁的小男孩成为巴西国家足球队的主力队员。

他就是著名的球星——贝利。

心智启迪 对于每一个人来说,生命只有一次,如何去寻找生命的快乐,那才是生命的意义。如果你怀着感恩之心看待世间的万事万物,那么你将会得到前所未有的快乐和幸福。

金钱并非万能

一个黄昏,静静的渡口来了四个人:一个富人,一个官员,一个武士,还有一个诗人。他们都要求老艄公把他们摆渡过去。

老艄公捋着胡子说:"如果我渡你们过河,我会有什么好处呢?你们说说看。"

商人掏出银子说:"我有的是钱。"

官员不甘示弱:"你要摆渡我过河,我可以让你当一个县官。"

武士急了:"我要过河,否则……"说着便挥了一下自己握紧的拳头。

"你呢?"老艄公问诗人。

"唉,我一无所有。可我如果不赶回去,我就错过了我父亲的七十大寿。我得尽早赶回家去拜寿。"

"上船吧!"老艄公对诗人挥了挥手。

诗人疑惑地上了船:"老人家,我不能给您任何好处,您能告诉我为什么只让我上船吗?"

"你的一声长叹,你脸上的忧虑是你最好的表白。"老人一边摇船一边说,"你的真情流露是四人中最宝贵的财富。"

心智启迪 有时候,感恩的一句话会改变一个人的命运,甚至改变一个人的一生,因为感恩的美德能够打动所有人,包括那些有能力帮助你的人。

男孩的呼唤

有一个男孩跑到山上，无意间对着山谷喊了一声："喂……"声音刚落，从四面八方传来了阵阵"喂"的回声。

大山答应了，男孩很惊讶，又喊了一声："你是谁？"大山也回应："你是谁？"

男孩喊："为什么不告诉我？"大山也说："为什么不告诉我？"

男孩忍不住生气了，喊道："我恨你！"他哪里知道这一喊不得了，整个世界传来的声音都是"我恨你，我恨你……"

男孩哭着跑回家，告诉了妈妈。妈妈对男孩说："孩子，你回去对大山喊'我爱你'，试试看结果会怎么样，好吗？"

男孩又跑到山上，果然这次男孩被包围在"我——爱——你，我——爱——你"的回声中。

男孩笑了，群山也笑了……

心智启迪 如果你用微笑对待他人，他人也会对你微笑；如果你用感恩对待他人，他人也会感恩你。当你用微笑感恩身边的每一个人时，你会在无形中提升自己的修养和价值。

富人与落难男子

有一男子被朝廷追杀，被追赶了七七四十九天，直到第五十天的时候，该男子已经无路可走，情急之下他想以自杀来抗拒朝廷的追捕。

此时，他面前是一个平静的湖泊，他闭上双眼，深深地吸了口气，然后"扑通"一声，跳进了湖泊。可是，他并没有如愿以偿，当他睁开眼睛醒来的时候，他正躺在一张床上，他静静地环视四周，这肯定是官宦人家，绫罗绸缎、红木家具，仆人们都恭候在门口。

富人见男子醒来，赶紧上前问："你没事吧？怎么想到用自杀的方式了此一生呢？"

男子多少受了点惊吓，他怔怔地看着富人，并没有张口，而是咳嗽了两声。

富人见男子咳嗽，赶忙说："你不用害怕，我不是坏人。那日我正好打那里经过，见你跳河，就赶忙让仆人下水把你救了上来。你在床上已经睡了整整七天，昨天我请郎中给你号了脉，你现在已无大碍。"

男子见富人是善良之人，就消除了顾虑，一边咳嗽一边说："我本是贫苦之人，不慎得罪了乡里的地主，这地主在朝廷上有人，于是，我便被朝廷追杀，变成现在这个狼狈样。"

富人听罢，并没有多言，只是给了男子很多盘缠，对他说："我这里估计你也待不长久，我给你这些盘缠，足够你生活好几年，希望你找个地方躲藏起来，去过深居简出的日子吧。"

男子见富人如此慷慨，心中颇为感激，道过谢之后，男子告诉富人："我保证以后会回来报答你的！"

数年后，这位男子听说当年追杀他的那位官员猝死于家中，他如释重负，再也不必过着暗无天日的日子了。于是，男子决定进京考取功名，来报答当年那富人的救命之恩。

然而，当他功成名就去找那位富人的时候，哪知那位富人家道中落，妻离子散，根本找不到了。男子不禁心中一阵酸痛，他立即吩咐下人去找此人。

后来，终于在边疆地区找到了富人，男子快马加鞭亲自去迎接他。他到达边疆，看到富人衣衫褴褛，戴着脚镣，形容枯槁，正被两个官差痛打。男子迅速从马上下来，过去解救了富人。

从此，富人也对男子充满了感激之情，并和男子成为刎颈之交。

心智启迪 富人当年的救人之举，换来了自己日后的落难被救。感恩让社会更加多彩，感恩让我们获得真挚的友情，感恩让我们懂得了生命的真谛。

考 试

有一个中年男人在一家公司里当程序员,他已经在这家软件公司干了八年。然而,就在这一年,公司倒闭了。

这时,中年男人的第三个儿子刚刚降生,巨大的经济压力使他喘不过气来。于是,中年男人开始找工作。

一个月过去了,他还是一无所获。

一天,中年男人在报上看到一家软件公司要招聘程序员,待遇非常好。他立刻赶到那家公司,准备参加应聘。应聘的人实在太多了,竞争将会异常激烈。经过简单交谈,公司通知他一个星期后参加笔试。在笔试中,中年男人再次轻松过关,剩下的只有两天后的面试了。

但在这最后一关中,中年男人没被选中。不过他并没有怨恨,而是给那家公司写了封信,以示感谢。

信中这样写道:"感谢贵公司花费人力、物力,为我提供了笔试、面试的机会。虽然我落聘了,但通过应聘我大长见识,获益匪浅。"

收到信后,公司上下无不为之感动,最后总裁也知道了这件事情。

三个月后,新年来临,中年男人收到一张精美的新年贺卡,上面写着:如果您愿意,请和我们共度新年。贺卡是他上次应聘的公司寄来的。

原来,公司职位又出现了空缺,他们第一个就想到了他。

十几年后,他凭着出色的业绩,做了微软公司的副总裁。

心智启迪 带着感恩的精神去追求自己的人生目标,这也许是一种获得成功的捷径和良方。因为在那份感恩里,夹杂着你的执着、你的信念、你的毅力,等等,而这些东西正是一个男子汉必备的要素。

感恩是一种动力

一年一度的感恩节又到了,像往常一样,露茜老师给每位学生发了一张白纸,对他们说:"今天是感恩节,请大家在纸上画下最让你们感恩的东西。"

这是个穷人学校,能使这些学生心生感恩的东西一定不多,露茜猜他们多半会在纸上画一些牛奶、面包、烤肉之类的东西。

但是,当露茜看到一位学生的图画时,惊讶得不知道说什么好,那是用稚嫩的笔法画出来的一只布满粉笔灰的手。

谁的手?全班学生都被这幅抽象的内容吸引住了。

"这是上帝赐给我们食物的手吧?"一个学生猜测说。

"不!这看起来像一位农夫的手。"另一个学生说道。

全班随即吵成了一团,大家都为那只手而喋喋不休地争论着,最后,露茜伸手示意大家安静下来,然后走到那位画手的学生身边,亲切地说:"老师问你,这是谁的手啊?"

那位学生羞怯地低着头,半天才慢慢抬起头来,然后低声说:"老师,那是您的手。"

原来,那位学生对老师充满了感恩,把老师看成自己的榜样,他努力学习,最后考上了著名的大学。

大学毕业以后,他功成名就,成了一家公司的董事长。

心智启迪 当我们用感恩的心态去看待一个人时,那个人身上的种种优点会影响着我们,引导我们向他看齐,向他学习,从而提高自己,使自己取得进步。

感恩图报

一次,伍子胥带领吴国的士兵要去攻打郑国。

郑国的国君郑定公说："谁能够让伍子胥撤兵，我一定重重地奖赏他。"

众大臣没有一个应声的。

三天后，一个渔郎跑来找郑定公说："我有办法让伍子胥不来攻打郑国。"

郑定公一听，马上问渔郎："你需要多少士兵和车子？"

渔郎摇摇头说："我不用士兵和车子，也不用带食物，我只要用我这根划船的桨，就可以叫好几万的吴国士兵回到吴国。"

渔郎把船桨夹在胳肢窝下面，跑去吴国的兵营找伍子胥。

令人惊讶的是，伍子胥第二天真的退兵了。

郑国国君得知这一消息十分惊喜，找来渔郎问他原因。

原来在几年前，伍子胥被人追杀，逃到了江边，江上有一个渔翁划船经过，见到伍子胥很危急，就渡伍子胥过江。

伍子胥过江后，解下随身带的宝剑说："这把剑价值百金，我把它送给您，当作答谢。"

渔翁说："按照楚国的法令，抓到伍子胥的人，赏给粮食五万石，还封爵位，这把剑又算得了什么？"渔翁没有接受那把宝剑。

这个渔郎就是渔翁的儿子。伍子胥为了报恩，答应了他退兵的请求。

心智启迪

正所谓："滴水之恩，当涌泉相报。"伍子胥为了报答渔郎的父亲，毅然放弃了攻打郑国的计划，这就叫作真正的"感恩图报"。我们应该怀着一颗感恩的心，虔诚地对待所有认识和不认识的人。他给予的一句叮咛、一次微笑、一份关爱，足以让我们深深地感恩。

甜美的葡萄

有一天，修道院的大门被叫开，看门人惊喜地看到，旁边果园的一个果农给他送来一大串晶莹剔透的葡萄。

果农对他说:"兄弟,我送给你这串葡萄,感谢你在我每次来修道院时对我的关照。"

看门人对果农表示感谢,并对果农说:"修道院的人会很高兴享用这串葡萄的。"

果农满意地离开修道院之后,看门人把葡萄洗净。忽然,他想起修道院里的一个病人最近胃口不好,便决定把这好吃的葡萄送给他,让他开开胃,他现在多么需要营养啊!

于是,看门人把葡萄送到虚弱的病人床前,病人睁开双眼惊喜地看着葡萄。

看门人对他说:"有人送给我这串葡萄,但是我知道你胃口不好,送给你吃吧。"

病人从心里感激他,对他说:"我将永远记住你的善意,谢谢你。"

看门人拿来一个大盘子,把葡萄放在上面,让病人享用。然后,他就回去继续工作了。病人刚拿起葡萄,就想起整日为他操劳的护士。

病人喊护士,护士以为病人出了什么问题,就迅速赶到了他的床前。病人对护士说:"看门人惦记着我的病,送给我这串葡萄,让我品尝。我想还是让你吃,你对我一直很不错。"

护士坚持让病人吃,但是她越是坚持,病人越是拒绝。护士感谢病人送给她如此诱人的礼物,不得已便把葡萄带走。

护士边走边想,这串葡萄应该送给兢兢业业为大家服务的厨师。于是,护士来到厨房,找到了厨师,对他说:"你的心灵像这串葡萄一样美丽,这串葡萄送给你吧。"厨师谢绝了护士的好意,最后护士把这串葡萄送给了为大家操劳的修道院院长。

就这样,这串葡萄在整个修道院里传来传去,最后竟回到了看门人手中。看门人惊奇得不知所措,他觉得不能再让葡萄兜圈子了,以免最后烂掉。

于是他不再迟疑,开始吃起葡萄来。这时,他觉得从来没有吃过如此甜美的葡萄。

心智启迪 落叶在空中盘旋,谱写着一曲感恩的乐章,那是大树对滋养它的大地的感恩;白云在蔚蓝的天空中飘荡,描绘着那一幅幅感人的画面,那是白云对哺育它的蓝天的感恩。人们传递的岂止是一串甜美的葡萄,更是一份人与人之间的呵护与关爱!

小男孩买画

在一个风雪交加的夜晚,一家画廊的老板站在柜台后面百无聊赖地望着窗外,感叹今天只卖出了一幅画作。

正当他准备打烊的时候,一个小男孩趿拉着两只大鞋走了进来,然后出神地盯着一幅被玻璃框装裱的画作。

老板怔怔地看了小男孩半天,才问:"你要买什么呀,小朋友?"

小男孩说:"我哥哥是画画的,我想送给他一幅画,他喜欢夏加尔的画。"小男孩指了指眼前他看的这幅画继续说道:"这是夏加尔的《礼物》吧?我想把它买给哥哥。"

老板狐疑地打量着这个小男孩,说:"这幅画可是需要很多钱的。"

小男孩自信满满地说:"我有钱。"然后从口袋里掏出一个装糖果的盒子,小心翼翼地打开盖子,兴奋地说:"这些够吗?"他拿出来的不过是几枚硬币而已。

小男孩继续说道:"今天是圣诞节,我想把这幅画当作礼物送给我的哥哥。爸爸妈妈在一次灾难中过世以后,哥哥就一直很辛苦地照顾我们。家里没钱,他就放弃了自己画画的理想。我想买一幅画给他,希望他以后也能像夏加尔一样成为一个伟大的画家。"

店主什么话也没说,从墙壁上拿下那幅画,用一个精美的盒子装了起来,还在上面扎了一条红丝带,对小男孩说:"拿去吧,小心点。"

于是,小男孩满心欢喜,连蹦带跳地抱着画回家了。

第二天画廊来了一位小伙子,他把已经打开的盒子放在柜台上,问画廊的老板:"这幅画是从这里买的吗?多少钱?"

"本店商品的价格是卖主和顾客之间的秘密!"老板说道。

小伙子说:"我弟弟只有几枚硬币,这幅画可是出自夏加尔之手的,他是买不起的。"

老板接过盒子,重新包好,系上红丝带,又递给了小伙子:"他给出了比任何人都高的价格,因为他付出了他拥有的一切。请你收好!"

心智启迪 有人说,凡是可以用钱买到的东西都是廉价的。换言之,用钱买不到的东西都是昂贵的,比如感恩,感恩是用金钱买不到的,但可以聚敛很多无形和有形的财富。

7. 至诚孝顺

孝行天下

一个小男孩出生在一个贫寒的家庭。在他9岁时,母亲就去世了,小男孩悲痛欲绝。他是一个非常孝顺的孩子,母亲去世后,他对父亲更加关心、照顾。

在一个炎热的夏天,小男孩担心劳累一天的父亲因天太热,睡不好觉,就拿着扇子在床边扇枕席。左手扇累了,换右手;右手酸了,再换左手。

就这样,他一下又一下地扇着,一直扇到席子暑气全消,才去请父亲上床睡觉。一夜、两夜……整整一个夏天都这样。

冬天到了,每到晚上整个屋子就冷得像冰窖一般,要是碰上下雪的日子,就更有得受了。

但是,孝顺的他仍然有办法让父亲每天晚上睡得舒舒服服。

只要天一黑,他就会钻进父亲冰冷的被窝里,用自己的身体把被子弄得暖烘烘的,然后再请父亲去睡,这样父亲就可以免去寒冷之苦了。

9岁的小男孩就是这样孝敬父亲的。

后来,长大的男孩成为我国东汉时期的一位文化名人。

他就是黄香,人称温席的黄香,天下无双。人们说,能孝敬父母的人也一定懂得爱百姓、爱自己的国家。虽然他为官的级别并不高,但他的故事至今广为流传。

心智启迪 旧传元代郭守正挑选了历史上的二十四位孝子,辑成《二十四孝》一书,作为做人的楷模,黄香名列其中。自明清以来,黄香一直被人们所推崇。中国有句古语:"百善孝为先。"意思是说,孝敬父母是各种美德中占第一位的。无论何时,请记得尊敬长辈,友爱兄弟,这是做人的根本。

芦衣顺母

闵损,字子骞,春秋时期鲁国人,孔子的弟子,在孔门中以德行与颜渊并称。

闵损的生母早死,父亲娶了后妻,又生了两个儿子。

继母经常虐待他,每逢冬天,两个弟弟穿着用棉花做的冬衣,却给他穿用芦花做的"棉衣"。

一天,父亲出门,闵损牵车时因寒冷打战,将绳子掉落地上,遭到父亲的斥责和鞭打,芦花随着打破的衣缝飞了出来,父亲方知闵损受到虐待。

父亲返回家,要休逐后妻。闵损跪求父亲饶恕继母,说:"请留下母亲吧,求您了!"

父亲疑惑地问道:"为什么?她这样待你,为什么要留下她啊,孩子?"

闵损回答说:"留下母亲只是我一个人受冷,休了母亲可是三个孩子都要挨冻啊。"

父亲十分感动,就依了他。继母听说了这件事,十分后悔当初的所作所为,从此对待闵损如亲子。

孔子曾赞扬他说:"孝哉,闵子骞!"

 **心智启迪** 人世间最难报的就是父母恩,愿我们都以反哺之心奉敬父母,以感恩之心孝顺父母。古人说:"老吾老,以及人

之老；幼吾幼，以及人之幼。"我们不仅要孝敬自己的父母，还应该尊敬别的老人，爱护别人年幼的孩子，在全社会形成尊老爱幼的淳厚民风，这是我们新时代学生的责任。

一个感人的故事

  有一个男孩叫孟子营，他是一个命苦的孩子，很小的时候母亲就去世了，一直以来他都与父亲相依为命，所以父子感情特别深。

  子营喜欢踢足球，虽然他的球技并不怎么好，即使他参加了比赛，也只被教练当作替补。

  然而，他的父亲仍然场场不落地前来观看，每次比赛都在看台上为儿子鼓劲。几年以后，子营考上了大学，他参加了学校足球队的选拔赛。

  幸运的是，子营以最后一名的成绩进入了球队，不过子营并不觉得丢人，他太喜爱这项运动了。

  上大学的几年里，子营一直没有上场的机会。转眼就快毕业了，这是子营在学校球队的最后一个赛季了，一场大赛即将来临。

  一个风雨交加的晚上，教练递给了子营一封电报，电报中说子营的父亲在今天早上去世了。

  子营一句话也没有说，脸色白得吓人。他向教练请了假，立即赶回了家中。比赛的时候到了，那场球赛打得十分艰难。

  当比赛进行到四分之三的时候，孟子营所在的队已经输了10分。

  就在这时，一个沉默的年轻人悄悄地跑进空无一人的更衣间，换上了他的球衣。当他跑上球场边线，教练和场外的队员们都惊异地看着这个满脸自信的队友。

  孟子营走到教练跟前，坚定地对他说："教练，请允许我上场，就现在。"

  教练十分为难，今天的比赛太重要了，差不多可以决定本赛季的胜负，他当然没有理由让最差的队员上场。

  可是，子营不停地央求，教练终于让步了。于是，这个身材瘦小、名不见经传、从未上过场的球员，在场上奔跑、过人、拦住对方带球的队员，简直就像球星一样。

比赛结束前的几秒钟，子营一路狂奔冲向底线，得分！赢了！

就在那一刻，孟子营的泪水盈满了他的眼睛。

比赛结束后，教练走过来，拍拍他的肩膀，以示安慰。

子营强忍悲痛，用颤抖的声音对教练说："教练，真的很感谢您！我的父亲其实是一个盲人，他现在在天上，第一次能真正地看见我比赛了，而且我赢得了这次比赛，他会很欣慰的，是吗？"

教练被感动了，使劲点了点头。

心智启迪 这个故事之所以感人至深，是因为孟子营的孝心感天动地。虽然他的父亲眼睛看不见，无法用目光来支持他，但是每一次他都用满腔的爱来鼓励他。每一个父母都为子女撑起了一片爱的天空。对于为人子女的我们来讲，能做且必须做的就是感恩父母。

子路借米

子路，春秋末鲁国人，在孔子的弟子中以擅长政事著称，尤其以勇敢闻名。子路小的时候家里很穷，长年靠吃粗粮野菜等度日。

有一次，年迈的父母想吃米饭，可是家里一点米也没有，怎么办？子路想：要是翻过几道山到亲戚家借点米，不就可以满足父母的这点要求了吗？

于是，子路翻山越岭走了十几里路，从亲戚家背回了一小袋米，看到父母吃上了香喷喷的米饭，子路忘记了疲劳。邻居们都夸子路是一个勇敢孝顺的好孩子。

心智启迪 孔子说："父母之所爱亦爱之，父母之所敬亦敬之。"从我们呱呱坠地的那一刻起，我们的生命就倾注了父母无尽的爱与祝福。父母的爱是无私的、伟大的，当我们有能力回报父母时，一定要尽孝道。

爱子之切

　　一只骆驼带着几只小骆驼在非洲撒哈拉沙漠无人区里疲惫地走着，它们在这个无人区里已经走了几天几夜了，却仍没有走出这片荒芜，显然它们是迷路了，现在它们又渴又饿，一边走一边低下头来，不时闻着干燥的沙子，希望能够找到水源。

　　小骆驼们紧紧地靠着骆驼妈妈，而骆驼妈妈总是为孩子们挡着阳光，让它们走在阴凉里。几只小骆驼无精打采地走着，在太阳的炙烤下，它们的眼睛血红血红的，快要支撑不住了。

　　终于，它们在一个沙洼里看到了一眼泉水，那泉水清澈见底，旁边还长满了绿草，小骆驼们看到后显得格外兴奋，不时地打着响鼻儿。

　　可是，水洼太深了，站在高处的小骆驼无论怎么努力也喝不到水。

　　就在它们不知所措急得团团转的时候，惊人的一幕发生了——骆驼妈妈围着它的孩子们转了几圈，突然纵身一跃，跳入了深洼。

　　水终于涨高了，小骆驼们喝上了甘甜的泉水，可是骆驼妈妈从此再也爬不上来了……

心智启迪　　骆驼妈妈的纵身一跃，让我们领略到了生命中的光辉，看到了母性散发的光辉。亲情是一种生命的本能，永远不会枯竭。所以，请珍惜亲人，感谢亲人！

8. 志存高远

最初的梦想

有一个叫小明的男孩,他非常喜欢写作,他的梦想是当一名作家。

起初,小明的语文成绩并不好,因为他觉得语法又复杂又枯燥,很讨厌冗长的、毫无生趣的写作训练。即使是这样,小明也从未改变过自己的梦想,他对语文课的态度也没有变。

不过,由于学校教师临时调整,小明所在的班级也换了语文老师。

有一天,新的语文老师发给学生们一张家庭作业表,上面列满了作文题,要大家任选一个感兴趣的话题写一篇作文。

小明发现这个老师好像很不一样,于是他开始选择题目,他看了几行作文的标题,都觉得没意思,一点写作的欲望也没有。

忽然,小明的目光停留在了"吃面的艺术"这个题目上,生动的记忆一下子从他脑海中倾泻出来:那是一个非常温馨的夜晚,窗外圆月高挂,皎洁的月光洒满了庭院,全家人围坐在餐桌旁,静静地等着姑姑端来手擀面。虽然这是姑姑第一次做手擀面,味道怪怪的,可是全家人吃得很认真,还不停地赞美和鼓励姑姑。整个屋子里充满了欢声笑语……

小明想到这个情节时,嘴角不禁露出了一丝会心的微笑。

于是,小明立即把这一真情实感写下来,当然仍以他自己喜欢的方式写,而将学的那些作文技巧和语法规则统统抛在了脑后。几乎是一气呵成,小明觉得浑身舒畅,看着自己写出来的文章满意地点了点头。

这是一次从来没有过的写作经历，他也几乎忘了自己是在完成老师布置的作业。作文交上去之后，小明并不抱期望会受到表扬，因为这种事从来都不会发生在自己身上。

可出乎小明的意料，他的文章竟被老师当作范文在全班学生面前朗读，而学生们也都在认真地听着他的文章，教室里只有老师浑厚好听的声音在回荡。

老师读完后，学生们不约而同地发出了赞叹的掌声。

十几年过去了，小明也从当初的小男孩长成了风度翩翩的青年，在一家地方报当上了记者，成为著名的专栏作家。他的理想真的实现了。

心智启迪

小明坚定着自己的信念，长大后终于从事了自己喜欢的职业。每个人的心中都有美丽的梦想，可是总是出于某种原因，尤其是环境的压力，我们改变了最初的想法，迷失了真正的自我。其实，只要你坚守自己最初的梦想，全心全意地做一件事，最终就会走向成功。

天文才子

1571年，一个男孩出生于德国符腾堡州维尔城，他是个早产儿，只在母亲的肚子里待了7个月。

4岁时，他因得天花险些丧命，接着又患上了猩红热，眼睛被烧坏。由于视力差，天上的星辰对他而言只是一些微弱的发光体。

然而，成年后他热爱上了天文学事业，并立下了"为天空立法"的宏愿。

18岁时，他考入了杜宾根大学，攻读神学、哲学和数学，后来转学天文学，成为哥白尼学说的坚定拥护者。

大学毕业后，23岁的他任格拉茨新教神学院的数学和天文学讲师。

29岁时，他在丹麦著名天文学家第谷·布拉赫的邀请下来到布拉格，当上了布拉赫的助手。一年后，布拉赫去世，他继承了老师未竟的事业，研究火星。

当时,无论是托勒密还是哥白尼,都认为星球是做圆周运动的。起初他也持这种观点,并将布拉赫留下的关于火星的资料用圆周轨道来计算,可计算了几个月却毫无结果。

有一天,恩师马斯特林来布拉格看望他,见他的屋子里到处画满了乱七八糟的圆圈,纳闷地问:"朋友,我不知道你这些年到底在干什么。"

"我想弄清行星的轨道。"

"这个问题从托勒密到第谷·布拉赫,不是都毫无疑问了吗?"

"不对,现在的轨道和布拉赫的数据还有8分之差。"

"8分,多么小的差距啊。只相当于钟盘上秒针在0.02秒的瞬间走过的一点角度!我的朋友,你面前是浩渺无穷的宇宙啊,难道这点误差也要引起愁思?"马斯特林失声叫道。

"我已经查遍布拉赫关于火星的资料。他二十多年如一日的观察数据完全一致——火星轨道与圆周运动有8分之差。感谢上帝给了我这样一位精通的观测者。这8分决不能忽视,我决心从这里打开缺口,改革以往所有的体系。"他冷静地说道。

大家的不理解和不支持都没有动摇他。他不像布拉赫那样决心研究1000颗星星,而是紧紧盯住一颗星星——火星!

经过几年的不懈研究,他终于发现火星的轨道并不是圆,而是椭圆。这个发现在天文学上具有划时代意义,就是后来被称为"开普勒第一定律"的椭圆定律。

之后,他又发现了"开普勒第二定律":行星绕太阳作圆周运动在一定时间内扫过的面积相等,即"面积定律"。

此后十年,他以顽强的毅力和耐心,终于从一大堆计算数据中发现了另一个规律:行星绕太阳公转周期的平方等于它绕太阳旋转轨道半长轴的立方,就是后来的"开普勒第三定律"。

这三条定律使得神秘无边的宇宙星空逐渐显得井然有序,并为牛顿建立"万有引力定律"打下了坚实的基础。

他就是德国著名天文学家——开普勒,被人誉为"为天空立法的人""天文才子""天体力学奠基人"。

心智启迪 开普勒在贫病交加中奋战多年，终于实现了年轻时立下的宏愿，探索到了宇宙秘密。我们要学习开普勒坚持梦想并为梦想勤奋刻苦、拼搏到底的精神。只要你为自己的理想付出，那么在将来的某一天一定会得到相应的回报。

证明自己的实力

1902年，一个小男孩出生在浙江平阳带溪村。一次，他放牛回家，经过村私塾门口，被琅琅的读书声所吸引。老师正大声念："苏老泉，二十七，始发愤，读书籍……"

他听后，就跟着念了几遍。没想到，他竟一下子记住了顺口溜，放牛时当山歌唱。

他的父亲常听儿子背《三字经》《百家姓》，心存疑惑。

有一次，正好看见儿子在私塾门口"偷听"，父亲被感动了。父母商量后，决定勒紧裤带，把儿子送进私塾。

9岁那年，他的父亲挑上一担米当学费，走了50千米山路，送他到平阳县城当了一名高小的插班生。他整天玩呀、闹呀，考试时常坐"红交椅"，到期末考试，他在班里得了倒数第一名。不过，他的作文写得还不错，私塾里的"偷听"，激发了他学习语文的兴趣，为作文打下了一点基础。

然而，语文老师越看越不相信，总认为他的作文是抄来的。因此批给他一个很低的分数。这样，更激发了他的牛脾气，老师越说他不好，他越不好好学，一连三个学期，他都是倒数第一名。学生和老师都说他是"笨蛋"。

有一次，地理老师把他叫到办公室，给他讲了一个小故事："牛顿12岁的时候，从农村小学转到城里念书，成绩不好，学生们都瞧不起他。一次，一个学生蛮横无理地欺负他，一脚踢在他的肚子上，他疼得直打滚。那个学生身体比他棒，功课比他好，牛顿平时很怕他。但这时他忍无可忍,跳起来还击,把那个学生逼到墙角,推在墙上。那学生见牛顿发起怒来如此勇猛,只好屈服。牛顿从这件事想到做学问的道理也不过如此:只要下定决心,就能把它制服。他奋发图强,努力学习,不久成绩跃居全班第一,后来成了一位伟大的科学家。"

他见老师不批评他,还给他讲故事,心里很感激。老师见他垂着头,摸了摸他的头说:"我看你这个孩子挺聪明嘛,只要肯努力,一定可以考第一名。你父母省吃俭用,希望你把书念好,像你现在这个样子,将来拿什么来报答他们?"

他再也抑制不住心灵的震憾,泪水像断线的珍珠淌在自己的胸前,第一次感到自己做错了事。

此后,他完全变成了懂事的孩子,刻苦读书,不再贪玩,到期末考试得了全班第一名。

一堂数学课把他引向了通往数学王国的路。有一次,他用20种不同的方法证明了一条几何定理。校长得知后,把他叫到办公室,拍着他的肩膀说:"好好学习,将来送你留学。"

中学毕业时,校长已调到教育部任职,但仍关心着他的学习,寄来了200元钱资助他留学。

1919年,17岁的他买了一张去日本的船票,余下的170元钱要维持3个月的生活,实在很艰难。他每天只能吃两餐饭,没钱请日语老师,只好拜房东大娘为师。

最后,他用流利的日语回答了主考官的提问,以第一名的成绩进入知名大学——东京高等工业学校电机系。

1924年,他又以第一名的成绩考入日本东北帝国大学数学系,师从著名几何学家洼田忠彦教授。

1927年大学毕业后,他又在课余卖报、送牛奶、当杂志校对和家庭老师,用所挣得的钱做学费,免试升入该校研究生院做研究生。他以坚强的意志,刻苦攻读,接连发表了41篇仿射微分几何和射影微分几何方面的研究论文,开辟了微分几何研究的新领域,被数学界称作"东方国度上升起的灿烂的数学明星"。

1931年，他以优异的成绩荣获该校理学博士学位，成了继陈建功之后获得本学位的第二个外国人。

走上工作岗位后，1931年3月，他应著名数学家陈建功之邀，载着日本东北帝国大学的理学博士荣誉回国，受聘于国立浙江大学，先后任数学系副教授、教授、系主任、训导长和教务长。

他就是著名的数学大师——苏步青，曾任多届全国政协委员、全国人大代表，以及第七、第八届全国政协副主席和民盟中央副主席等职。

心智启迪 生活中无法预知的变化，对于每一个人的影响都是非常巨大的。这就要求我们不能在自己的安乐窝里坐享其成，不要以为成功能够睡手可得。你必须不断地武装自己、不断地学习、不断地努力以证明自己的实力，这样才能抵达成功的彼岸。

寻梦之旅

1987年，一个男孩出生在江苏宜兴的一个普通家庭。

他从小就非常叛逆，行为总是和父母的意愿背道而驰。尽管如此，他的父亲并没有对他实行高压政策，而是采取了宽容的态度。

8岁时，他和父亲一起来到了一个台球厅，有个人要求与他的父亲来一场"生死战"，一向非常自信的父亲接受了挑战，然而，一番你来我往的大战到了最后，他的父亲渐渐落了下风。

大战中，他一直跟在父亲身后，不时指指点点，但是父亲对他的指点不屑一顾。为了让自己从激战中冷静下来，父亲借故去上厕所。

此时，旁边的一个围观者说："你爸爸看来是顶不住了，不如你上吧。这样即便输了，也不是你爸爸的过啊。"

不服输的个性让他果断地拿起了台球杆"替父从军"。虽然由于个子矮小，只能站在一个箱子上打，但他几乎没有给那位挑战者任何机会。

结果，那位挑战者心服口服地对他的父亲说："我服了，为你家有这样一个台球'神童'。只要悉心培养，他一定能够取得令人瞩目的成绩。"

父亲没有想到儿子竟然是位深藏不露的台球高手。

从那以后，父子二人一次次出战宜兴的大小台球场，他竟然被公认为宜兴的"台球第一高手"。

但是，这让他的父亲很矛盾，因为他的学业在出战台球的过程中荒废了。父亲也进行过反思，但是他坚信一个人成才的道路有千万条，打台球也不失为一条路子。后来，父亲投入全部家产买了7张台子开了一家台球房，决定让他全力学习打台球，于是他退了学，专门练习台球。

在南京比赛时，作为唯一一名未成年的球手，他一举夺魁。他兴高采烈地捧着1000元奖金，对父亲说："我要成为世界冠军。"

南京归来的第二年，他跟随父亲来到了东莞，因为有很多台球高手在这里训练。经过在东莞的打磨，他逐渐在国内赛场上崭露头角，获得2002年世界业余选手冠军赛亚军，随后拿到2002年亚洲锦标赛冠军，并有机会参加2002年世界青年斯诺克锦标赛。

2005年，斯诺克中国公开赛在北京落下帷幕，18岁的他为中国体坛书写了一个神话：仅有两年职业球龄的他，以9比5的成绩击败世界排名第二的亨德利获得冠军，成为首个在国际顶级台球大赛中夺冠的中国人。

一夜间，他的名字震惊了世界台球界。他就是台球"神童"——丁俊晖。

心智启迪 在寻梦之旅中，有很多力量会把我们击倒。无形的力量终会击败有形的东西。你必须培养多种专长并不断地学习，才能让自己在不景气当中，不畏变局。即使不完美，但只要义无反顾地去做，就可以美梦成真。

"疯狂"的追梦人

1965年，一个19岁的美籍犹太青年考入加州大学长滩分校，攻读电影及电子艺术专业。

大三时，这个狂热地做着导演梦的小伙子拍了一部24分钟的短片。讲的是一对在沙漠相遇的年轻恋人的故事。

1968年，环球公司是每一个想进入好莱坞的电影人梦中的圣地。该公司的行政长官西德尼·乔·辛伯格偶然看到了这个青年拍的爱情短片。

短片刚放完，辛伯格便激动地从椅子上弹起来，对他的助手说："我认为它棒极了！我喜欢这个导演挑选的演员，以及影片通过演员所表现出来的风格，请你尽快安排这个导演来见我。"

第二天，助手向他报告："这个青年并不是导演，只是个大三学生，但不知他是哪所大学的。"

辛伯格说："我不管他是不是导演，也不管他在哪儿，我要见他！"

一个星期后，助手费尽周折终于在长滩找到了这个尚在读书的青年。

辛伯格见到这个青年时，对他说："我喜欢你的电影。我们签个合同吧。"

青年犹豫地说："可我才读大三，还有一年才毕业呢。"

不过，青年知道，以他这个年龄想当上大公司的电影导演几乎是不可能的，所以，他明白眼前是一个千载难逢的机会。

"你是想上大学还是想当导演？"辛伯格问。

青年坚定地说："我父亲永远不会原谅我现在离开大学的。我是犹太人！"

辛伯格当然明白，犹太人是一个非常重视教育的民族，大学未毕业就出来工作，这是他们不可想象的事情。

当天下午，青年便与辛伯格所在的环球公司签了一份标准的"自愿服务7年"的合同。

在合同的限制下，青年等于是把自己的每一分钟都卖给了环球公司。好莱坞把这叫作"死亡条约"，只有精神不正常的人或者有着疯狂野心的人才会签这种合同。当然，这份合同对辛伯格来说也是一场豪赌——让一个名不见经传，甚至尚未大学毕业的人做导演，这可是公司从未有过的事，说其同样疯狂一点也不过分。

通过不懈的努力，这个青年陆续拍出了《大白鲨》《外星人》《侏罗纪公园》《辛德勒的名单》等传世杰作。

他就是著名的导演——斯蒂芬·斯皮尔伯格,一个电影史因之而更加辉煌的名字。

心智启迪 斯皮尔伯格选择当导演,他付出了辍学、来自父亲的怨恨,以及长达7年的自由身的代价。然而,如果没有这些代价、没有疯狂追逐梦想的勇气,他就不可能取得这样的成功,因为成功总是青睐"疯狂"的追梦人。

一生的志愿

一个只有15岁的男孩把他这一辈子想干的大事列了一张表,他把那张表题名为"一生的志愿"。

志愿表上列着:"到尼罗河、亚马孙河和刚果河探险;登上珠穆朗玛峰、乞力马扎罗山;驾驭大象、骆驼、驼鸟和野马;探访马可·波罗和亚历山大一世走过的道路;主演一部《人猿泰山》那样的电影;驾驶飞行器起飞降落;读完莎士比亚、柏拉图和亚里士多德的著作;谱一部乐曲;写一本书;游览全世界的每一个国家;结婚生孩子;参观月球……"每一项都编了号,一共有127个目标。

当他把梦想庄严地写在纸上之后,他就开始抓紧一切时间来实现它们。

16岁那年,他和父亲到了佐治亚州的奥克费诺基大沼泽和佛罗里达州的埃弗格莱兹去探险。这是他首次完成了表上的一个项目,他还学会了只戴面罩不穿潜水服到深水潜游,开拖拉机,并且买了一匹马。

20岁时,他已经在加勒比海、爱琴海和红海里潜过水了。他还成为一名空军驾驶员,在欧洲上空进行过33次战斗飞行。

21岁时,他已经到21个国家旅行过。

22岁时,他在危地马拉的丛林深处发现了一座玛雅文化的古庙。同一年他成为"洛杉矶探险家俱乐部"有史以来最年轻的成员。

接着,他开始筹备实现自己宏伟志愿的头号目标——探索尼罗河。

26岁那年,他和另外两名探险伙伴来到布隆迪山脉的尼罗河之源。三个人乘坐一只仅有60磅重的小皮艇开始穿越6671千米的长河。他们遭到过河马的攻击,遇到了迷眼的沙暴和长达数英里的激流险滩,闹过几次疟疾,还受到过河上持枪匪徒的追击。出发10个月之后,这三位"尼罗河人"终于从尼罗河口划入了蔚蓝色的地中海。

此后,他开始接连不断地加速完成他的目标:他乘筏漂流了整个科罗拉多河;他探查了长达4640千米的刚果河;他在南美的荒原、婆罗洲和新几内亚与那些食人部落、割取敌人头颅作为战利品的人一起生活过;他爬上了阿拉拉特峰和乞力马扎罗山;驾驶超音速喷气式战斗机飞行。

后来,他写成了一本书《乘皮艇下尼罗河》。

担任专职人类学者之后,他又萌发了拍电影和当演说家的念头,在以后的几年里他通过讲演和拍片为他下一步的探险筹措了资金。

他就是英国皇家地理协会会员和纽约探险家俱乐部的成员——约翰·戈达德,如今,他不仅是一个经历过无数次探险和远征的老手,还是电影制片人、作者和演说家。

心智启迪

约翰·戈达德在实现自己目标的征途中,有过18次死里逃生的经历。但他从未退缩,依旧勇往直前。约翰·戈达德的故事为我们提供了佐证:不断进取的人生是最美的。在实现自己目标的过程中,敢于尝试,生命才能充满意义。

人生所能达到的一个又一个巍峨的峰巅,总是由沟谷和山麓托举着的。人总不能从一个峰巅飞向另一个峰巅;为了攀上另一峰巅,自然也要先步入沟谷,以积蓄、酝酿再次上升攀缘的力量,再往上走。正是这空间位置的不断变更,不断改变着人生的面目和周围的景观,使人生的功业倍加灿烂。

找准适合自己的目标

一天,晓伟与他的一位朋友在办公室聊天。

晓伟问朋友:"你有什么梦想?"

朋友想了想说:"我想在45岁就退休。"

晓伟问他:"退休后要做什么?"

朋友说:"这个,我还没想过,可能去环游世界吧。"

晓伟继续问:"那你最想去哪个国家?"

朋友说:"到时再看看哪个国家最热门。"

晓伟又问道:"这个梦想是现在才有的吗?"

朋友认真地回答说:"不,好几年前就有了。"

最后,晓伟很慎重地问朋友:"你这个梦想和多年前相比,是越来越接近,还是越来越远了?"

朋友沉思了一会儿,若有所悟地离开了晓伟的办公室。

心智启迪　　只有找到明确的目标,你才不会拖延怠慢,让自己懂得取舍,知道重视真正值得重视的事。目标就像旅行的目的地,没有目标的人只能原地踏步。找准适合自己的目标,才能知道哪条路是最快的,什么交通工具是最有效率的。

第三章

聪明机智
——男子汉的"营养剂"

1. 有勇有谋

看穿真相

20世纪60年代，香港政府修改建筑条例，并公布要在五年后正式实施。这个消息一出，许多地皮拥有者为了避免新条例实施后吃亏，都极力赶在政策施行前建房。

一时间，炒风空前炽热，一些职业炒家也应运而生。在这股风起云涌的炒风中，有一个人却始终保持着清醒的头脑，他就是李嘉诚。

他毅然决然地以长期投资者的面目出现在地产界，同时，他又是长期投资者中的保守派。他认为：买空卖空是做生意的大忌，投机地产犹如投机股市，"一夜暴富"的后面，往往就是"一朝破产"。

几年后，香港明德银号宣告破产，究其原因，就是"参与房地产投机，使其缺少流动资金，丧失了偿债能力"。此时，那些激进冒险的地产商，或观望，或破产。而"保守"的李嘉诚却仍在地产低潮中稳步拓展。

1966年底，低迷的香港房地产开始出现一线曙光，地价楼价也随之回升。银行经过一年多的"闭关修炼"，元气渐渐恢复，有能力重新资助地产业，一些地产商也是跃跃欲试，准备东山再起。但就在此时，"中国政府即将武力收复香港"的谣言四起，香港"五月风暴"随之而起，触发了自二战后第一次大移民潮。

移民大多是有钱人，他们纷纷以低价抛售物业，但整个房地产市场卖多买少，很多新建楼盘无人问津，出现了有价无市的尴尬场面。地产商们个个焦头烂额，一筹莫展。

此时，拥有众多地盘和物业的李嘉诚也忧心忡忡。他不时听广播，看新闻报纸，密切关注事态发展。

李嘉诚仔细研究得知，内地春夏两季的"武斗"高潮，已渐渐得到控制，趋于平息。那么，香港的"五月风暴"也不会持续太久。

他经过深思熟虑，作了一个惊人的决定——人弃我取，趁低吸纳。

于是，李嘉诚逆境而行，坚信乱极则治，否极泰来。大规模移民潮虽渐息，但移居海外的业主仍急于将其产业低价脱手。

李嘉诚认为这是拓展事业的最佳时机。于是，他把塑胶盈利和物业收入积攒了下来，将买下的旧房翻新出租，又利用地产低潮、建筑费低廉的良机，在地盘上兴建物业。

到了20世纪70年代，香港百业复兴，地产市道转旺。李嘉诚凭借自己独特的智商，最终成为这场地产大灾难中的大赢家。

心智启迪 可以说，正因为李嘉诚在思考问题时不以投机作为赌注，而是坚持从细微之处着手，思考周全，并随机应变，才让他不断地走向事业顶峰。

生活中，许多人都感叹命运不公，抱怨着自己的聪明换不回最终的成功，却从未想过他们之所以有此境遇，是因为在动脑筋时不注重细节。如果没有看清情况就仓促行动，很可能会使人做出蠢事。真正的智者，他们在行动之前的决定都是由一连串的判断产生的，深思熟虑并能在做细的过程中找到机会，从而使自己走上成功之路。

通过别人看自己

20世纪70年代末，年近而立的许荣茂来到香港，身份是再普通不过的"打工仔"，什么行业都做过，还曾干过挂销员，长年累月的勤奋工作使他开始小有积蓄，但他并没有像李嘉诚那样，在这些一般性的行业里找到属于自己的金矿。

其实，真正让许荣茂发迹的是一个他以前从未接触过的领域——证券市场。一次偶然聚会后，他认真地分析了自己的事业。朋友中的很多人都是靠证券发家，而且这个行业的前景十分广阔，人家可以，为什么自己不行？

于是，他发现自己敏锐的判断能力和过人的投资天分终于有了施展的天地。从此以后，他的小小积蓄驶上了迅速翻番的快车道，几年工夫的"买入卖出"使他获得了奠定后来事业基础的第一桶金。据后来推算，这桶金至少应该在5亿元左右。

其时，房地产属于朝阳行业，但也充满着很大的风险和变数，而许荣茂就以冒险的姿态投入其间，义无返顾。

90年代初，许荣茂抓住国内房地产发展迅猛的机会在福建进行房地产开发；不久，他似乎有不好的预感，便转战澳洲开发房地产，从而避开了第一轮房地产泡沫风暴。

1995年，许荣茂杀入北京，从此开始为业界所注意。在5年时间里，他开发了亚运花园等一批高档外销公寓，所有楼盘都销售一空。

1999年，他舍弃北京，出人意料地转战上海。开发的上海滨江花园真正让他名扬全国。

2000年，许荣茂将重金投到了上海。目前已确定的五大项目总投资额在200亿元以上。记者开始关注许荣茂也是从2000年开始。

这一年，世茂投资在受让6250万股万象集团（600823）国有股后成为万象集团第一大股东，许荣茂出任万象集团董事长，第二年，万象集团更名为世茂股份。

心智启迪

其实，每个人都有他人没有的优点，只不过是自己不想去挖掘。许荣茂就是看到朋友们的长处，才联想到自己的不足，确定了努力的方向及目标。这对于他后来成为房地产界的枭雄，起着至关重要的作用。

请记住：别人是自己的镜子。做事情，不一定只看自己身上的点点滴滴，多注意一下身边人，他们身上有你想要的可以使自己发亮的"金子"，这就是成功者们共有的智慧。

机智过人的臧孙子

春秋末期,宋国由于统治者治理无方,势力日益薄弱,所以经常受到其他诸侯国的侵略欺辱。

有一次,齐国与楚国作战,约了宋国,但宋国并没有如期赴约,这让齐王非常愤怒,于是,齐王便发兵攻打宋国。宋君得知此事后,立即派臧孙子赶赴楚国求救。

楚王得知臧孙子是来请求救援的,非常高兴。尽情款待了臧孙子一顿,并答应马上就会出兵前去营救宋军。臧孙子便辞楚返国报信。

途中,臧孙子一直愁眉不展,长吁短叹。

为他驾车的人见状,好奇地问道:"您奉命出来搬救兵,一出马就完成了任务,为何还是忧心忡忡啊?"

臧孙子长叹一声道:"我担心楚国救兵不至,宋国就没有办法对付兵力强势的齐国了。"

驾车人感到很惊奇,又问道:"怎么会呢?楚王在朝堂上不是很高兴地答应了出兵相救吗?"

臧孙子说道:"正是因为楚王如此爽快地答应了援救宋国的请求,才让人觉得可疑啊。众所周知,宋国弱小,齐国强大,为了弱小的宋国而去得罪强大的齐国,这应该是一件令人忧虑的事情,而楚王却十分高兴,这说明他一定不是真心要救我们,而是以答应救助来鼓舞我们的斗志,我们的斗志越强,战争就越激烈,这样一来,齐国就越疲惫,这正是楚国所希望的事情。"

臧孙子回国后,如实向宋君汇报了一切。宋君却不大相信臧孙子的话。

结果,在齐军已经夺取了宋国的五座城池之时,楚国的救兵还是没有到。

臧孙子能够通过察人神色推知其未来,见微知著,以小见大,可谓是贤人也,只可惜宋国气数已尽,即使有此贤

人，也无法逃此一劫了。我们在做事的时候，要通过大脑的思维理解事物的根本规律，进而掌握应对万事万物的方法和技巧。

做事不能冲动

石达开是太平天国首批"封王"中最年轻的军事将领。在太平天国金田起义之后向金陵进军的途中，石达开一路都是开路先锋，他逢山开路，遇水搭桥，攻城夺镇，所向披靡，号称"石敢当"。

太平天国建都天京后，石达开同杨秀清、韦昌辉等同为洪秀全的重要辅臣。后来又在西征战场上大败湘军，致使曾国藩又气又羞又急，欲投水寻死。在"天京事变"中，他又支持洪秀全平定韦昌辉的叛乱，成为洪秀全的首辅大臣。

就在这之后不久，石达开却独自率领20万大军出走天京，与洪秀全分手，最后在大渡河全军覆灭，他本人亦惨遭清军骆秉章凌迟。石达开出走和失败的历史是鲁莽行动的体现，足以使后人深思。

1857年5月，石达开率部由天京雨花台向安庆进军，出走的原因据石达开的布告中说是因"圣君"不明，即责怪洪秀全用频繁的诏旨来牵制他的行动，并对他"重重疑虑"，以致发展到有加害他之意。这使二人之间的矛盾迅速白热化。

当时要解决这一日益尖锐的矛盾，石达开有三种办法可行：

一种是激流勇退，解印弃官来消除洪秀全对他的疑虑，这也很难，当时形势已近水火，若石达开解职的话恐怕连性命都难保；

第二种办法是委曲求全，这在当时已不可能，心胸狭窄的洪秀全已不能宽容石达开；

第三种是弑洪自代。谋士曾经提醒石达开吸取刘邦诛韩信的教训，面对险境，应该推翻洪秀全的统治，自立为王。

石达开认为率部出走是最佳方案。这样既可继续打着太平天国的旗号从事推翻清朝的活动，又可以避开和洪秀全的矛盾。而石达开率大军到安庆后，如果按照他原来"分而不裂"的初衷，本可以安庆作为根据地，向周围扩充。

安庆离天京不远，还可以互为声援，减轻清军对天京的压力，又不失去石达开原来在天京军民心目中的地位。这是石达开完全可以做到的。但是他却没有这样做，而是决心和洪秀全分道扬镳彻底分裂，舍近而求远，去四川自立门户。

结果，石达开一败涂地。

心智启迪　生活中，许多人感叹着命运不公，抱怨着机会与自己无缘，却从未想到过，他们之所以遇此境遇只是因为常常做"搬起石头砸自己的脚"的事情。行动之前的决定是由一连串的判断产生的，如果没有看清情况就仓促行动，很可能会使人做出蠢事。所以，我们在为人处世的过程中要注意克制自我，不能因为冲动坏事。

主动去接触

1829年，李维·施特劳斯出生于德国的一个小职员家庭，他从小就很聪明，顺顺利利地上完中学、大学。就如他的父辈一样，他当上了一个文员。

后来，他抛弃了国内的职业，追随哥哥到美国做杂货商。

19世纪40年代后期，美国加利福尼亚州发现了金矿，掀起了"淘金热"。这给李维·施特劳斯"点纱成金"带来了可贵的机遇。

20多岁时，李维·施特劳斯深入美国西部那曾经人迹罕至、荒凉萧条的不毛之地，投入到美国加州的淘金热潮中，并获得了他的第一桶金，但这桶金并非来自金矿，而是来自牛仔裤。

一次，他乘船到旧金山开展业务，带了一些线团之类的小商品和一批帆布供淘金者搭帐篷。下船后巧遇一个淘金的工人。

李维·施特劳斯忙迎上去与他聊天，后来他转移了话题问："你要帆布搭帐篷吗？"

那工人却回答说："我们这需要的不是帐篷，而是淘金时穿的耐磨、耐穿的帆布裤子。"

李维深受启发，当即请裁缝给那位"淘金者"做了一条帆布裤子。这就是世界上第一条工装裤。

如今，这种工装裤已经成了一种世界性服装——Levi's牛仔服。之后李维创立了著名的李维斯公司。1979年，李维斯公司在美国国内的总销售额达13.39亿美元，国外销售盈利超过20亿美元。

心智启迪 聪明的人做事既要有勇，即主动去接触陌生人；还要有谋，即使陌生人成为自己的朋友，成为自己人际网络的一个组成点。清代教育家孙志祖说："与人交，推其长者，违其短者，故能久也。"其实，主动去接触正是为了编织自己的圈子，形成自己的"力量"。

表面不可靠

一天，一只梅花鹿在河边喝水的时候，无意之中看到了自己在水里的倒影，不禁感叹道："天呀，我头上的角真漂亮，就连我自己都难以置信天下竟然有如此美丽的角。"

梅花鹿一边孤芳自赏，一边满心欢喜地跳了起来，但是，当它跳起来时，就看到了映在河里的脚，随即又垂头丧气地不再高兴了，它低下头看了看自己的脚，自言自语道："这样丑陋的脚，太让我无地自容了，真想把它们给剁下来。"

没想到话音刚落，偷偷躲在一边垂涎三尺的狮子突然冲出树丛向梅花鹿扑了过来，机灵的梅花鹿纵身一躲，狮子扑了个空。

梅花鹿不顾一切地向树林飞奔而去，慢慢地，就和狮子拉开了距离，等它跑到一片长有藤蔓的丛林中时，鹿角被藤蔓挂住了，无论它怎么努力都挣脱不了。这时它才恍然大悟："自认丑陋的脚却能帮我逃命，而美丽的角却让我丢了性命！"

心智启迪 正所谓：害人之心不可有，防人之心不可无。美丽的东西不一定有用，丑陋的东西也不一定无用。这提醒我们：凡事不能只注重表面。所以，无论何时，心中都要有一把坚实的秤杆，以防被"漂亮话"扰乱了思维。

言出必行

战国时，秦孝公任商鞅为左庶长。商鞅想要立行新法，但是这一决策立刻招致众人非议，尤其是保守势力纷纷发难。

商鞅力排众议，执意推行新法，以壮大秦国势力。然而，在制定好新法后，商鞅却犹豫了，因为担心国中百姓不信，如果百姓有疑心，那么推行新法就会难上加难。于是，商鞅决定在颁布新法之前，先在百姓之中树立一个有令必行的形象。

商鞅命人在秦都咸阳南门立起一根三丈直木，并派官员严格看守，同时下达命令说："谁能将这根直木搬到北门，就赏他十两黄金。"此令一出，咸阳的百姓都很奇怪，竟然没有一个人敢上前搬动直木。

商鞅得知这一情况，便再次下令说："如果有人敢于搬动这根直木，就重赏他五十两黄金。"百姓听说赏金从十两加到了五十两，更加惊讶不已，众百姓纷纷表示怀疑。这时有一个壮汉挺身而出，只见他扛起木头，横穿都市，向北门走去，百姓都簇拥着与他一同前往北门，想要看个究竟。

壮汉把木头扛到北门后，果真立即获得了五十两黄金。这个扛直木得赏金的消息不胫而走，百姓都在议论商鞅言出必行，不欺骗百姓，对商鞅的信任感顿时大增。

当商鞅知道百姓的心理变化后，他认为已经达到了取信于民的目的，这才下令颁布新法。变法令一经公布，国中上下一片肃严，新法所及之处，都得到了坚决的贯彻执行。

 如果你能做到言出必行，就能取信于他人，从而为自己的行动打下基础。

无心的"小动作"

公元218年，曹操和刘备开始了争夺汉中的战争。经过几次较量以后，两军在汉水隔江对峙，各自寻求打败敌人的有效计策。诸葛亮知道曹操是一个疑心很重的人。为了利用曹操这个弱点击败曹军，诸葛亮决定采用"打草惊蛇"的策略。

当时，汉水的上游有连绵的山地，这种自然的地势条件可以用来隐藏军队。于是，诸葛亮吩咐赵云带领数百士兵把大鼓抬到山上隐藏起来，只要听到军中炮响，就马上击鼓呐喊。

那天夜晚，诸葛亮站在高地，命令军中开炮，接着赵云那边擂鼓呐喊。当时已是夜深人静，曹军都已熟睡，只有部分守军巡逻，曹军听到外面鼓角齐鸣，以为汉军前来偷袭，不知所措，一片慌乱。曹操也被惊醒，立即升坐大帐，准备迎敌。

然而，当曹军部署好人马后，鼓声却停止了，无奈之下，曹操只有命令一部分士兵不要下马，以防备敌人再来偷袭。

天亮时分，曹军出营和刘备叫阵，但刘备坚守不出。当晚，诸葛亮还是采用击鼓呐喊的方法骚扰曹军。一连几天都是如此，在这种情形下，有人向曹操建议，不必担心汉军偷袭，这只是敌人的惊扰策略。但是，曹操仍然不敢轻举妄动。

几天后，曹军终于无法承受惊扰而退兵。

心智启迪　有时，自己一个无心的小动作就会引起对方警觉，如果你能顺应局势，并采取相应的措施，就能掌控全局，这也是一种取胜的谋略。

适合自己的成功之道

古往今来,所有成功者都有着各自不同的成功经验,然而相同的是他们都实现了自己的成功目标。根源在于:他们都有一个最适合自己的成功之道。

建安十六年,刘备借口帮助刘璋讨伐张鲁,以法正、张松为内应进入益州。刘备北进至葭萌便停军,收买人心。后来张松因事情败露被杀,于是,刘备与刘璋反目。刘璋派遣刘璝、冷苞、张任、邓贤等在涪关阻击刘备,都被刘备打败,张任逃亡,其余皆死。刘备进军雒城,庞统在攻城时中箭身亡,继而让法正继承庞统谋士之职。一年后,雒城被攻破,张任不愿投降,刘备将其杀死。在包围成都时,刘备让诸葛亮、张飞、赵云等进入益州。成都城前,马超加入,简雍劝降了刘璋,刘备遂自领为益州牧。

随后,在建安二十三年,刘备因兵马整齐,起兵攻汉中,欲收东川。刘备采纳法正的计谋,夜袭夏侯渊,夏侯渊被黄忠斩杀。刘备获得主动权,待曹操亲自到来后壁垒不战,只派小股部队在外骚扰曹操的运粮部队,曹操无奈退军。于是,刘备获得汉中,自立为汉中王。

心智启迪 刘备之所以能够不断地智取成功,是因为他不但懂得吸纳各路有才之士,而且善于识才、用才,更有听取他人善言,采纳智者建议的领导风范。俗话说:"君子爱财,取之有道。"同样,在追求成功的路上,更要为成功找个良方。

2. 巧言智辩

聪明的剧作家

有一个才华横溢的剧作家，虽然他在剧坛影响力不是很大，但他却机智过人。

这一天，剧作家的新作在一家剧院隆重上演了，获得了空前的成功，他也随着这个剧作而一举成名。

应广大观众的强烈要求，剧作家在谢幕时走上台向所有支持他的观众致谢。然而，当这位剧作家走上舞台准备向大家鞠躬道谢的时候，坐在台下的一位观众突然站起来大声地喊道："没有搞错吧？这也能称得上是名作？这简直就是一部既差劲又无聊的作品，创作这种剧作的作家也是低能的，快点回家去吧，太丢脸了……"

这些话让在场的观众听后都大吃一惊，每个人的脸上都露出了错愕的表情，大家看看那个持反对态度的观众后，随即又把目光投向了站在台上的剧作家。

这种事情如果发生在一般人的身上，都会大发雷霆，急于反驳。然而，这位剧作家却带着微笑向台下深深地鞠了一躬，随后彬彬有礼地说道："亲爱的观众朋友，您说得非常好，我完全同意您的观点，其实，我也认为这部作品不够好，但遗憾的是，此时在这个剧场里仅仅是你和我两个人投反对票，这没有一点说服力，因为凭我们两个人的力量根本无法阻挡其他观众投支持票。"

说罢，台上的剧作家又向观众深深地鞠了一躬。

剧作家的一席话以及他冷静沉着的举动立即引起台下一阵雷鸣般的掌声，而那个故意找茬的观众低着头灰溜溜地离开了剧场。

心智启迪 平日生活中，我们总会遇到一些令人尴尬的事情。面对这种情况，不同的人所采取的态度也是大相径庭的：智慧的人往往会在一个恰当的时机选择最适当的语言来为自己解围。就如同故事中那位聪明的剧作家，当面对羞辱时，用最有力的言语及过人的机智使对方不战而败。

说话应把握良机

贞观十二年的一天，唐太宗宴请群臣以庆祝皇孙的诞生。

席间，唐太宗兴高采烈地说道："贞观之前，助我夺取天下的功劳应归于房玄龄；贞观以来，帮我纠正各种谬误的功劳应归于魏徵。"说罢，命人取来两把特别精致的佩刀，分别赐给房玄龄和魏徵。

房玄龄爽快地接了过来，而魏徵却沉重地说道："臣实在受之有愧啊！"

太宗奇怪地问道："此话怎讲？"

魏徵回答道："近年来，政事已不大如贞观之初，这表明我并没有尽到纠正各种谬误的责任，所以受之有愧。"

太宗诧异地问道："难道我的政事不如以前吗？"

魏徵回答道："陛下的权威比贞观初年是高了很多，但人心悦服就不如以前了。"

太宗不解地问："何以见得呢？"

魏徵答道："陛下以前总是为国家忧虑，所以政绩越来越好，但现在以为国家已经治理好了，心安理得，所以自己就不如过去了。"

太宗说："我现在所做的事和过去做的事没有分别，你怎么说不同了呢？"

魏徵回答道："贞观初年，陛下唯恐群臣不提意见，经常鼓励大家要勇于表态，若遇到有人进谏，也能欣然接受。但近年来，虽然陛下也接受了一些意见，可心里不服啊。"

太宗听了魏徵的话，很吃惊，忙问道："你这样说，有什么根据吗？"

魏徵顺势回答道："陛下刚即位时，判元律师死罪。大臣孙伏伽进谏，提出不应该判以死刑，陛下接受了他的意见，而且还嘉赏于他。有人说赏得太厚了，可您认为，孙伏伽是在您即位以来第一个向您提意见的人，所以要厚厚地奖赏他。您这样做也是为了鼓励他人主动进谏。"

魏徵又接着说道："前几天，皇甫德参上书，认为修洛阳宫是劳民伤财，收地租会给老百姓带来沉重的负担。陛下当时还要惩办皇甫德参，只是因为臣苦苦地规劝，陛下才没有治罪于他。其实，这就是勉强接受意见了。"

唐太宗因为喜得孙儿，兴致大好，所以听了魏徵的一席言语后，不但没有恼怒，反而笑言："我要把你刚才所说的话一字一句抄录在屋中的屏障上，早晚阅读以提醒自己，还要史官将其写入历史中。"

心智启迪 魏徵正是趁着唐太宗心情愉悦的时候批评太宗，他抓住这个机会，大胆地向太宗进谏，使太宗欣然地接受了他的诤言。可见，在和对方谈话时，如果要想成事，一定要把握良机，这样才能事半功倍。

间接说话的艺术

一天，小光从学校拿回成绩单，只有一门功课得了一百分，其余都是六十多分，对于这样的成绩，他的妈妈非常生气，气得拿着成绩单的手一阵颤抖。

妈妈很想训斥他说："你是怎么学习的？怎么只考了一个一百分？真是没用，看看隔壁家的孩子，门门都是一百分，你看看你，只考了这么点分……"

但是,妈妈认为那样做一点意义也没有,甚至会适得其反,把孩子的积极性完全打击没了。

于是,妈妈笑了笑说:"哦!还得了一一百分啊,很不错!如果好好努力,下学期还能多考几个一百分呢!"

说完,妈妈还拍了拍小光的肩膀,想让他振作起来。

孩子对妈妈的这一举动受宠若惊,睁大眼睛不相信地点了点头。

事实证明,孩子不但没有泄气,反而比以前更加用功了,上课认真听讲,下课努力学习,期末的时候,成绩确实提高了一大步。

心智启迪 有时,说话太直接不仅不能给对方下台阶的机会,会给对方留下阴影,而且还容易得罪自己事业上的合作伙伴等。话怎么说,不仅是个艺术问题,更是处世的态度问题,正话反说、反话正说,要根据当时的具体情境而定。

墨子的故事

墨子生活在春秋战国时期,那时的中国还是一个由诸侯国组成的国家。其中楚国是一个大国,宋国是一个小国。

当时,一个著名的工匠公输般为楚国制造了一种被称为云梯的新式兵器,这种武器又高又大,用于攻打敌国的墙门,在当时可以说是战略性武器。云梯造成后,楚国就准备攻打宋国了,以便检验这种新式武器的效用。

墨子听到这个消息后,走了十天十夜,赶到楚国国都,拜见了公输般,希望能够阻止这场战争。

墨子见到公输般后说:"北方有一个人欺侮我,我希望借你的力量杀死他。"

公输般不知是计,听了很不高兴,也没有任何表示。

墨子接着说:"我可以给你很多钱,作为你杀人的报酬。"

公输般回答说:"我讲道义,不会因为报酬去杀人。"

墨子说:"楚国是大国,人口不多而土地辽阔,可是它却准备攻打弱小的宋国,这是非正义战争。你口头上说不杀人,可是一旦发生战争,有多少无辜的平民会因为你的新式武器而死去,这跟你亲手杀人有什么区别呢?"

公输般被问得哑口无言,推诿说攻打宋国的计划是楚王的决定。

于是,墨子和公输般去见楚王。

见了楚王,墨子并没有先说战争。他对楚王说:"我想请教大王一个问题。"楚王问他是什么问题。

墨子说:"现在有人放着自己漂亮的车子不要,却想偷邻居的破车,舍弃自己的华贵衣服不要,却想偷邻居的旧衣服,这是怎样一种人啊?"

楚王不知是计,马上说:"这人有偷窃的毛病。"

墨子马上说:"楚国有广阔的土地,而宋国只是一个小小的国家,这就如同一辆漂亮的车与一辆破车的对比;楚国物产丰富,而宋国物产贫乏,这就如同华贵衣服和旧衣服的对比,所以我认为楚国攻打宋国,跟那个犯了偷窃病的人正是一类人。"

楚王一下子不知如何回答才好,蛮横地说:"你说得好,但是公输般已经为我造好了云梯,我是一定要攻打宋国的。"

墨子不慌不忙地说:"云梯并没有想象得那样厉害,不信我可以与公输般模拟作战。"

楚王于是为他们准备了道具,包括城墙、守城的器械、云梯及其他攻城的兵器。公输般模拟攻打宋国的城墙,结果任由他多次改变攻城的战术,都被墨子抵挡住了,公输般攻城的器械用完了,墨子守城的方法还有余。

公输般不甘心失败,对墨子说:"我知道怎么来对付你,我不说。"

墨子也说:"我也知道如何对付你,我也不说。"

楚王问墨子其中的原因。

墨子说:"公输般的意图不过是杀了我。他以为杀了我,宋国就没有人来防守楚国的攻打了。可是，我已经把我的方法教给了我的徒弟，即使杀了我，他也不能攻入宋国的城门。"

楚王见大势已去，迫不得已地说："我决定不攻打宋国了。"

这样一来，墨子凭自己的机智和勇敢解除了宋国的一场灾难。

心智启迪 从墨子的故事中，我们领略到了语言的力量。在平时的生活中，要注意培养自己的思维能力，有了良好的逻辑思维，你的语言才会有条理，才能凭借机智的言语解决难题。

电话邀请

20世纪80年代，有一位畅销小说家，因为近几年创作了三本紧随时代步伐、符合时尚潮流、响应大众需求的小说，一跃成为文坛中的红人。

众多出版社和出版公司纷纷登门造访，希望与其签约，出版发行他的优秀小说。但是，刚刚站稳脚跟的小说家不仅身价提高了，还耍起了大牌，他经常以"我现在已经同很多公司在协商下一部作品了""我太忙了，没有时间创作其他作品"等为由让那些前来约稿的编辑吃闭门羹。尽管他们想尽办法来找这位"大牌"签约，可都是无功而返。

一天，一位经验丰富的老编辑给这位畅销小说家打了一个电话："我们想出一本关于商战的小说，内容是两个大家族在经过了明争暗斗之后，最后握手言和……"

"不过，我现在已经有很多故事要写，不好意思，您找别人来写吧。"还没有等这位老编辑说完，小说家就打断了他。

说罢，小说家就将电话挂断了。

这位老编辑再次拨通了电话："我知道你现在的工作很忙，正因为你忙，我们才会邀请由你来创作这部作品，那些太闲散的人是不会写出什么好作品的……"

最后，畅销小说家答应了这位老编辑的邀请。

心智启迪 我们都知道，语言是人与人之间最重要的沟通工具，一个聪明的人能够在恰当的情境下选择最有力度的语言，为自己争得主动权。

巧言解危机

陈平投奔汉王后，汉王刘邦便任命他为都尉，非常信任他。这遭到了朝廷中很多臣子的嫉妒，尤其是周勃和灌婴，他们经常在刘邦面前诋毁陈平："虽然陈平的长相好，就像戴着帽子的玉石一样，但是肚子里却是空空的，没有奇谋异策，为人也不懂得变通；在魏国的时候，由于做事不当，难以容身，所以才归顺了楚王；归顺了楚王后由于不顺心，才来投奔汉王。如今，大王非常器重他，还让他做了高官。可我们听说，他常常接受将领们的贿赂，给得越多待遇越好，给得越少待遇就越差。所以，请大王千万不要轻信这个反复无常、做事没有原则的人，对他的言行也要认真地审查。"

刘邦听了大臣之言，心中自然有了顾虑。于是，他将陈平召来责问道："你侍奉魏王未能投合，就离开了魏国去投奔楚国，现在又投奔我。这一点让我很不理解，试问诚实守信之人怎么能够如此三心二意呢？"

陈平回答说："大王您有所不知，当初我追随魏王，魏王不器重我，所以我离开他。而楚王满腹疑虑，不相信任何人，他所任用的除了项氏本家就是他夫人的兄弟亲戚，即使是奇谋之士，他也绝不重用，我为此而离开他，应该能够说得通。我之所以投奔汉王您，是因为听说您任人唯贤，重视人才。我独自一人前来，若不接受钱财根本无法生活。如果我的谋略有些许价值，敬请大王加以采纳，如果我的谋略没有任何价值，我收受的金银还在，可以请大王封存起来交给官府，我也请求离开。"

汉王听了陈平的话，才了解陈平是一个胸怀大志、深谋远虑之人。不仅向陈平道歉，还重重地赏赐他，并任命他为护军中尉，监督所有的将帅。

从此以后，再没有人敢在背后诋毁陈平了。

心智启迪　如果你想得到对方的信任，就要找到自己与对方的契合之处，并能够结合内情和外情，使自己的行为合乎事理，并通过巧妙的言辞，获取对方的好感。

聪明的仆人

从前，有位"奇怪"的宗本，他家里粮食多得发霉，却舍不得施舍给百姓。他吝啬得用水想用斗量，狠毒得想把别人身上的皮剥下来做衣服穿。

宗本家里有个聪明的仆人，名叫土登。他常常考虑怎样从主人手里挤出点油水来。

一天，土登向百姓宣布："我要让宗本摆几天宴席，请你们竖着耳朵等他下请帖吧！"

百姓听了哈哈一笑，说："狼嘴里还能滴出血来吗？假如爱财如命的宗本给我们设宴，除非太阳从西山顶上冒出头来。"

土登笑眯眯地回答说："你们不信？等着瞧吧！"

县城里只有一股可供人饮用的泉水，奇怪的是，这股泉水一到冬天就冒热气，夏天又变得清澈凉爽。宗本把泉水占为己有，说这是佛爷赐给他的神水。

一次，宗本在城堡顶上散步，忽然瞧见土登趴在泉边一棵大树上，两眼直愣愣地望着泉水，一会儿摇摇头，一会儿弯弯腰，好像正在和谁吵架。

宗本走下城堡来到土登面前，问："你在这里指手画脚干什么？"

土登笑眯眯地说："啊呀呀，尊贵的宗本大人，谁不知道，你是个乐善好施的人，上供奉三宝，下布施百姓。"接着，他忽然收起笑容，气愤地说："可是今天我看见泉水中的蛟龙，肆无忌惮地污蔑大人，说了你很

多坏话。"

宗本忙问:"蛟龙怎么污蔑我?"

土登回答道:"蛟龙说,宗本长年累月让百姓们服苦差役,从中获得数不清的财富,可他却连一口糌粑也舍不得布施。像这样爱财如命的吝啬鬼,早晚要像大海中渴死的饿鬼一样,没有好下场。我听了这话,气得浑身发抖,反驳说,我们宗本不顾自己,整天忙里忙外,都是为了百姓的安乐幸福。他绝不是你说的那种人,不要说布施一碗好吃的糌粑,就是请求他给百姓摆几天宴席,他也会毫不迟疑地答应的。"

宗本连连点头,高兴地说:"对!对!你说得很对!"

土登接着说:"蛟龙不服气,拿出山羊头那么大的金子,扬言如果宗本舍得破财,给百姓设宴,那么它也可以摆几天宴席。要是它的话像这泉水一样流走,它就把这块黄金送给宗本。"

宗本一听,急忙回家和管家商量。

管家说:"我看可以设宴。蛟龙没有粮食和肉,只有没滋没味的水,你一定会胜过它的。"

宗本拿不定主意,想到摆一次宴席要花那么多钱,让那些穷鬼白吃白喝,就像有人拿刀子在割他身上的肉一样,心里感到一阵剧痛。

可是一想到能得到山羊头那么大的金子,他就恨不得立刻夺过来抱在怀中。几天几夜冥思苦想,宗本最后终于决定忍痛摆上几天宴席。

仆人土登穿上节日的服装,殷勤地为百姓端茶倒酒。

见大家吃得高兴,土登问:"狼嘴里滴出血来没有?今天的太阳,是从东山顶上冒出了头,还是从西山顶上冒出了头?"

百姓哈哈大笑:"你的话果然见效了,可你怎么样收场?"

宴席还没结束,宗本就急急忙忙让土登去请蛟龙上来设宴。

于是,土登像那天一样,爬到泉水边的大树上,比比画画舞弄了半天,然后垂头丧气地来到宗本跟前,弯腰伸舌,摸着太阳穴说:"蛟龙耍滑头……"他战战兢兢不敢往下讲。

宗本急得大吼一声:"呆头呆脑做什么?快快讲出来!"

土登装出害怕的样子,低声回答:"蛟龙说它已经和宗本一起摆完了宴席，那些吃的、喝的，哪一样不是用从龙嘴里吐出来的水做成的？宗本拿出粮食和肉，它拿出了水。它让我告诉你，如果宗本大人能摆出不用水做的宴席，就把那块山羊头大的黄金送给你。"

宗本瞪着两眼，嘴里直喘着粗气，脸色变得十分难看。

 这个故事既幽默又经典，宗本与土登的对话精彩绝伦，尤其是土登的勇敢和机智，更是让我们领略到了巧言的魅力。其实，在谈话中，可以适当地运用赞美的方法，投对方所好，往往能收到意想不到的效果。只要赞美得恰到好处，对方一定会对你有一个良好的印象，而良好的印象则是谈话顺利进行的保证，也是取得胜利的开端。

成功的诀窍

某市文化公司要建造一座影剧院。

这一天，公司的王经理正在办公，家具公司的李经理找上门来推销座椅。

"哟！好气派。我从未见过这样漂亮的办公室，如果我有一间这样的办公室，我这一生都满足了。"李经理这样开始了他的谈话。

他用手摸了摸办公椅扶手："这不是香山红木吗？难得一寻的上等木料哇！"

"是吗？"王经理的自豪感油然而生，他说，"整个办公室都是请深圳的装潢厂家装修的。"

说罢，不无炫耀地带着李经理参观了整个办公室，兴致勃勃地介绍设计比例、装修材料、色彩调配，兴奋之情溢于言表。

李经理随着他的话茬继续往下聊，进而推销自己的桌椅。结果，他顺利地拿到了王经理签字的座椅订购合同。

 李经理成功的诀窍，就在于他了解谈判对象。他从王经理的办公室入手，巧妙地赞扬了王经理所取得的成就，使王

经理的自尊心得到了极大的满足,这样也为他成功推销产品奠定了良好的基础。

精彩的辩护

在美国新罕布什尔州的一个农场,有一个名叫丹尼尔的小男孩。

一年夏天,在离丹尼尔家不远的一个小山脚下,一只土拨鼠刨了一个洞穴。每到深夜,这只土拨鼠就会溜出洞穴,偷吃丹尼尔家菜园里的卷心菜和其他蔬菜。

丹尼尔和他的哥哥伊齐基尔决心捉住这只偷菜贼。土拨鼠非常狡猾,小哥儿俩费了许多心思,才终于捉住了它。但是,对如何处理这只土拨鼠,两人有不同的看法。

"它干了许多坏事,我要将它处死。"伊齐基尔说。

"不,不能伤害它。"丹尼尔反对道,"我们可以把它送到山上的森林里,然后放了它。"

小哥儿俩争执不下,于是他们拎着装土拨鼠的笼子找到父亲,想让他裁决。

"孩子们,"他们的父亲想了想说,"我们能不能这样解决问题:让我们设立一个模拟法庭,我当法官,你们俩为律师,一个指控土拨鼠,一个为它辩护,然后我根据你们的辩论再做出判决。"

伊齐基尔作为起诉人首先发言。他列举了土拨鼠的种种劣行,并以常识说明土拨鼠的本性是改不了的,因此绝对不可信任。他还提到了他们为捉住土拨鼠所投入的大量时间和精力。他强调说:"如果放了土拨鼠,就等于纵容犯罪,今后它会变本加厉,做出更多的坏事来。"

"土拨鼠的皮,"伊齐基尔最后说,"可以卖10美分。尽管这是很小的数目,但是多多少少能补偿一点它偷吃卷心菜给我们家造成的经济损失。如果将它放了,那么我们家的损失一分钱也挽回不了。显而易见,它的死比生更有价值,所以应该立即将它处死。"

伊齐基尔的发言有理有据,让"法官"频频点头。

轮到丹尼尔为挽救土拨鼠的生命辩护了。他抬起头,看着"法官"的脸说:"土拨鼠和我们一样生活在地球上,因此,它也有享受阳光和空气的权利,它也有行走在田野和森林里的自由。

"我们拥有各种各样的食物,甚至可以将飞禽走兽当成盘中餐,难道我们就不能拿出一点儿食物与这只同我们一样有生存权的可怜动物分享吗?

"土拨鼠和那些凶残的动物不同,并不给任何人造成伤害。它只不过是吃一些卷心菜,而这是它维持生命所必需的。它的需求非常有限,一个洞穴和一点点食物,仅此而已。我们凭什么说它不能拥有这些呢?看看它恳求的目光和因为害怕而颤抖的身子吧,它不会说话,无法替自己辩护,只能用这样的方式为自己宝贵的生命求得继续存在的机会。我们还忍心处死它吗?我们还要为弥补那么一点点经济损失而剥夺一个和我们同样生活在地球上的动物的生命吗?"

"法官"听到这儿,竟忍不住流泪了。"伊齐基尔,放了土拨鼠!"他喊道。

后来,丹尼尔·韦伯斯特成了美国最有名望的政治家与演说家。

心智启迪 从这个故事中我们可以认识到一点:当你与对方辩论时,可以尝试用真情实感攻破对方的情感防线,以取得共鸣,其实这是把你的筹码放到人性上,这样会为你赢得这场"赌局"。

一句话的强大力量

"洛克菲勒先生,我要你把某日我写给你的那封信拿出来!"那个律师用一种非常粗暴的口气说。

那封信是质问关于美孚石油公司的许多事情的,而那些事情那个律师在法律上并没有权利去质问。

"洛克菲勒先生,那封信是你接的吗?"法官问洛克菲勒。

"我想是的,法官先生。"洛克菲勒平静地说。

"你回那封信了吗?"

"我想没有。"

然后，那个律师又拿出了许多别的信来，也照样宣读了。

"洛克菲勒先生，你说这些信件都是你接的吗？"

"我想是的，先生。"

"你说你没有回复这些信吗？"

"我想我没有，法官先生。"

"你为什么不回复那些信件？你认识我，不是吗？"那个律师咄咄逼人。

"啊，当然！我从前是认识你的！"

洛克菲勒所回答的这句话的用意是那么明显。以至于那个律师气得差不多快要开始发疯了。

法庭上一片寂静，大家都屏气凝神地坐着，静听着法庭上的唇枪舌剑。而洛克菲勒坐在那里纹丝不动。

最后，洛克菲勒因为在面对对方激烈的询问时，保持了一种平和克制的态度，而且，在回答问题时也不动声色，赢得了那场官司。

心智启迪 　无论何时，我们都要相信语言的强大力量，它可以让你的境况由衰转胜。当你陷入紧张的氛围时，要有意放慢你动作的节奏，越慢越好，并提醒自己："不要慌！不要慌！"这样，你就会慢慢地变得镇静，从而恢复正常的思维，以应付突变。

游说规则

楚韩雍氏之战的时候，韩国向周国征集粮食和兵器，周国国君很为难，苏代得知此事后，便前来晋见周国国君，并对他说："请主公不要忧虑，微臣有一个主意，不但能让韩国不向您征集粮食和兵器，反而还会把高都送给您。"

周国国君听后，非常高兴，立即派苏代出使韩国。

见到了韩国大臣公仲后，苏代对他说："您应该知道楚国的计谋吧，楚王得知韩国粮食十分紧缺，于是就采用大臣昭应的策略，要用饥饿的办法攻击韩国,现在围困雍氏几个月之久,仍没有攻下,其原因就是楚王并不相信昭应的计谋。如果您向周国征集粮食和兵器,不就将韩国缺乏粮食的消息公开告诉楚国了吗?"

公仲仔细想想,认为苏代的话很有道理。苏代看到公仲的反应,又接着说:"您为何不把高都送给周国呢?"

公仲听到这话,愤怒地说道:"我不向周国征集粮食和兵器已经算便宜你们了,凭什么还要送出高都呢?"

苏代回答说:"只有把高都送给我们,才能让周国依附韩国啊,秦国听说后,就一定会断绝与周国的往来,这样,您就可以用一个贫弱的高都换取一个完整的周国了。"

公仲听后,随即露出佩服的表情,说道:"太高明了!"

于是,韩国不再向周国征集粮食和兵器,而且还将高都送给了周国。苏代不仅具有忖度人情和事理的本领,而且能够揣摩对方的内心,掌握对方情感的变化,真可谓是一个游说之才。

心智启迪 游说的主要方法是忖度人情、事理,以便推测出事物发展的方向,权衡事物的得失利弊。所以,你在先谋之时,一定要做到因人制宜,因事而异,方可制胜。

3. 急中生智

猎人与燕子

一次,一个猎人捕获了一只能说70种语言的燕子。

"放了我,"这只燕子说,"我将给你三条忠告。"

"先告诉我,"猎人回答道,"我起誓我会放了你。"

"第一条忠告是,"燕子说道,"做事后不要懊悔。"

"第二条忠告是,如果有人告诉你一件事,你自己认为是不可能的就别相信。"

"第三条忠告是,当你爬不上去时,别费力去爬。"

然后燕子对猎人说:"该放我走了吧。"猎人依言将燕子放了。

这只燕子飞起后落在一棵高树上,并向猎人大声喊道:"你真笨。你放了我,但你并不知道在我的嘴中有一颗价值连城的大珍珠,正是这颗珍珠使我这样聪明。"

这个猎人很想再捕获这只燕子,他跑到树下开始爬树。

但是爬到一半的时候,他掉了下来并摔断了双腿。

燕子向他喊道:"笨蛋!我刚才告诉你的忠告你全忘记了。我告诉你一旦做了一件事情就别后悔,而你却后悔放了我。我告诉你如果有人对你讲你认为是不可能的事,就别相信。但你相信像我这样的一只燕子的嘴中会有一颗很大的珍珠。我告诉你如果你爬不上某东西时,就别强迫自己去爬。而你却追赶我并试图爬上这棵大树,还掉下去摔断了你的双腿。"

燕子在飞走前，不忘对猎人说："希望你永远记住，对聪明人来说，一次教训比蠢人受一百次鞭挞还深刻。"

猎人听了这番话，无言以对……

 故事中的燕子用机智为自己赢得了第二次生命。当你遇到危险的情况时，一定要保持冷静，注意观察细节，争取在短时间内找到脱离险境的突破口，其实这就是一种智慧。

机智脱险

一次，卓别林被歹徒用枪指着头打劫。卓别林知道自己处于劣势，所以不做无谓的抵抗，乖乖奉上了钱包。

但是，他对劫匪说："这些钱不是我的，是我老板的，现在这些钱被你拿走了，老板一定认为我私吞公款。兄弟，我想和你商量一下，拜托你在我帽子上开两枪，证明我被打劫了。"

歹徒心想，有了这笔钱，这个小小的要求当然可以满足了，于是便对着卓别林的帽子开了两枪。

卓别林再次恳求："兄弟，可否在我衣服和裤子上再各补一枪，让我老板更深信不疑？"

头脑简单、被钱冲昏头的劫匪统统照做，6发子弹全部打光了。这时，卓别林一拳挥去，打昏了劫匪，取回钱包喜笑颜开地离去了。

 机智的人往往能依靠自己的力量摆脱困境。

学会藏拙

在一次大型招聘会上，可谓是人才济济，竞争非常激烈，一个刚刚毕业于普通高校的小伙子在搜寻着适合自己的招聘单位。

就在这时，他看到了一家规模适中的营销企业，于是，他停下了脚步在旁边观察了一会儿，他发现前面几位面试的人，不是有着研究生的学历，就是有着一年以上的工作经验。然而，这两个优势他都不具备。无奈之下，他在自己的简历中放了一张五元的人民币和一张字条，上面写着："不管是否被贵公司录取，都请给我打个电话。"

他将简历放在了招聘负责人的面前，笑了笑便走开了。

他的举动让招聘者感觉很奇怪，一般的应聘者都会积极主动地介绍一下自己的优势和特点，而他却一字未说。

当负责人打开他的简历时，看到了那张五元的人民币和那张字条，就更加不解了。作为一个招聘者，这样的情况他从未见过。带着这样的好奇，招聘者给他打了电话。问道："如果你没被录取，我打电话，你想知道些什么呢？"

"请告诉我，有哪些地方我不能达到您的要求，在哪方面不够好，我好改进。"

"那五元钱……"

"给没有被录用的人打电话的费用不属于公司的正常开支，所以由我支付电话费。"小伙子说道。

招聘负责人笑着说："那么，请你回来把五元钱拿回去吧，这个电话费由我们公司支付。我现在就通知你：你被录用了。"

心智启迪 这个刚刚毕业的小伙子很聪明，懂得审时度势，急中生智，适时地将没有高学历和工作经验这些不利于自己的方面掩藏起来，为自己争取另一种成功的途径。事实上，一个有大智慧的人一定会认清自己的长处和短处，而且在面对个人短处的时候，或是借用有利的时机，或是听取他人的善言，以各种方法来弥补自己的不足之处。即使不能补短，也要学会藏拙，让自己不断获取成功。

有计可施

公元249年，魏帝曹芳到高平陵去祭祀。曹爽和曹羲等人一同前往。司马懿认为时机已到，便立即下令关闭洛阳的所有城门，占领了武器库，接管了曹爽和曹羲的军营，又派兵到洛水的浮桥上，随后，司马懿便给曹芳写了一本奏疏，上面历数了曹爽的罪过，要求罢去他的兵权，不得稽留。

曹爽拿到奏疏，顿时感到十分惊讶，自然没有给曹芳看，惶惶然手足无措。这时，司马懿又派人前去劝说曹爽及早归罪，并承诺这次行动只是罢免他的官衔，让他不必多虑。当时有一个叫桓范的大司农，他是曹爽的同乡，此人有些智谋，他劝说曹爽当机立断，首先把天子带到许昌，然后再以天子的名义征集四方人马。但是，懦弱的曹爽还是犹豫不决，迟迟拿不定主意。

桓范见状，急切地对曹爽说道："其实，此事非常明了，如果你能与天子相随，号令天下，谁敢不响应呢？而曹羲另有军营在外，可以随时调遣，从这里到许昌，不过是一天多的路程，许昌兵库中的兵器也足够我们使用，唯一担忧的就是军粮问题，不过，我们有大司农的印，所以，总的来说，我们根本就没有什么顾虑……"就这样，桓范从天黑说到天亮，但曹爽兄弟还是不敢行动。

五更时分，曹爽把刀朝地上一扔，说："即使我把兵权交给司马懿，我还有爵位在身，依然可以做一个富家翁。"

桓范听到这话，悲愤地说："曹子丹是一个多么聪慧的人，怎么会有你们这样愚蠢的儿子？我恐怕也要受你们连累而罪至灭族啊。"

曹爽最后还是执意将奏疏送到曹芳的手中，他被免官后回到洛阳家里，司马懿立即派人将他软禁起来。曹爽至此已是一筹莫展。

不久，曹爽等人以阴谋叛逆的罪名被处死。

心智启迪 司马懿之所以能够战胜曹爽，除了他足智多谋，还因为他思维圆熟，果断行事。而曹爽却遇事犹豫不决，不能做出正确的判断，其最终的悲惨结局也是可以预见的。

可见，智者善于自我调整，以无穷的智慧应对万物，力求找到最为圆满的解决之道。

"听不懂"的策略

曾经有三位日本人代表日本航空公司和美国一家公司谈判。会议从早上开始，进行了两个半小时。

会谈中，美国人用图表解说，用计算机计算，用电子屏幕显示，总之，利用现代的科学的资料数据有力地回击着日方的报价。

一切演示结束后，双方重新开始商洽。

美方首席代表问："请问贵方还有何意见？"

日方首席代表彬彬有礼地说："我们看不懂。"

一向高傲的美国人突然愣了，说："看不懂表示什么意思？什么地方看不懂？"

另一位日方代表也说："都不懂。"

美方代表简直气得要发疯，说："从哪里开始看不懂？"

第三位日方代表也以同样的方式慢吞吞地说："当你将会议室的灯灭了之后，我们就看不懂了。"

美国代表实在是气坏了，喘着气问："那你们觉得应该怎么办？"

三位日方代表异口同声地说："请你再重复一遍。"

这实在是在开天大的玩笑。美国代表们整整讲解了两个多小时，而日本人还要他们重复一遍。美国人只好改变原定的程序，向日本人妥协。

心智启迪 日本人的这种"听不懂"的策略实在高明,它是适合在完全处于劣势的情况下使用的一种方法,能迫使对方让步与自己达成一致。

西班牙哲学家格拉西安说:"让人误认为你是无知的,往往是最大的睿智。"有人不懂装懂,还有人懂了却说不懂。有时,懂了却装不懂可以化解很多难题,尤其是自己的谈论筹码很少的时候,将错就错,以不懂应万变会让对手不知所措而不得不让步。

大臣与理发师

很久以前,有一个大臣请一个理发师给他修面。

理发师给大臣修到一半时,也许是过分紧张,不小心把大臣的眉毛刮掉了。唉呀!不得了了,他暗暗叫苦,顿时惊恐万分。深知大臣如果怪罪下来,那可是杀头之罪呀!

但是,行走江湖多年的理发师,深知人之普遍心理:盛赞之下怒气消。

他连忙停下剃刀,故意两眼直愣愣地看着大臣的肚皮,仿佛要把五脏六腑看个透。

大臣见他这模样,有点丈二和尚摸不着头脑,于是问道:"你不修面,却光看我的肚皮,这是为什么呢?"

理发师忙解释说:"人们常说,大臣肚里能撑船。我看大人的肚子并不大,怎么能撑船呢?"

大臣一听理发师这么说,哈哈大笑:"那是说大臣的气量最大,对一些小事情都能容忍,从不计较。"

理发师听到这话,"扑通"一声跪在地上,声泪俱下地说:"小的该死,方才修面时不小心将您的眉毛刮掉了!您气量大,请宽恕我。"

大臣一听啼笑皆非:"眉毛给刮掉了叫我今后怎么见人呢?"

大臣不禁勃然大怒,正要发作,但一想:我刚讲过大臣气量最大,怎么能为这件小事给他治罪呢?

于是,大臣便豁达地说:"无妨,您去把笔拿来,把眉毛画上就是了。"

心智启迪 理发师凭借自己的机智,在对大臣进行一番称赞之后,再说出自己的错误,成功地躲过了一场杀身之祸。其实,每个人都有弱点,在危机面前懂得利用别人的弱点来为自己赢得机会的人,才是最聪明的人。切记:赞美是消解别人怨气的良药。

4. 随机应变

用上所有的力量

一天，小洪蔚在他的玩具沙箱里玩耍。

沙箱里有他的一些玩具小汽车、敞篷货车、塑料水桶和一把亮闪闪的塑料铲子。在松软的沙堆上修筑公路和隧道时，他在沙箱的中部发现一块巨大的岩石。

小洪蔚开始挖掘岩石周围的沙子，想要把岩石从泥沙中弄出去。小洪蔚手脚并用，似乎没有费太大的力气，岩石就被他连推带滚地弄到了沙箱的边缘。

不过，这时他才发现，他无法把岩石向上滚动、翻过沙箱边墙。

小洪蔚用尽全力，手推、肩挤、左摇右晃，一次又一次地向岩石发起攻击，可是，每当他刚刚觉得取得了一些进展的时候，岩石便滑脱了，重新掉进沙箱。

小洪蔚只得哼哼直叫，使出吃奶的力气猛推猛挤。但是，他得到的唯一回报便是岩石再次滚落回来，砸伤了他的手指。

小洪蔚伤心地哭了起来。

整个过程被小洪蔚的父亲从起居室的窗户里看得一清二楚。

当泪珠滚过小洪蔚的脸庞时，父亲走了过来，温柔地说："孩子，你为什么不用上所有的力量呢？"

垂头丧气的小洪蔚抽泣道："但是我已经用尽全力了，爸爸，我已经尽力了！我用尽了我所有的力量！"

父亲亲切地纠正道："孩子，你并没有用尽你所有的力量。因为你没有请求我的帮助啊……"

说罢，父亲便弯下腰，抱起岩石，将岩石搬出了沙箱。

心智启迪 当你全心全意地做一件事情的时候，往往认为自己已经用尽所有的力量了。但事实上，你忽略了身边最有效的力量。如果你想把事情做得更完美、更快捷，那么你就要认真识别那些可以求助的力量，懂得随机应变，而不要自己蛮干下去。

幽默也是一种方法

亚柏当选美国钢铁工会主席时，在宾州休斯顿镇对老人演讲，群众中有大半是反对他而投票给另一候选人的。

亚柏针对这种情况，在演讲一开始先说了这样一句话："谢谢各位，要不是你们的支持，我不可能当选。"

于是，那些反对他的听众都笑了，从而也改变了对他的看法，渐渐地接受了他，并且不再反对他。

心智启迪 随机应变是化险为夷的良方，用什么招数随机应变，还要看你是否善于为自己创造机会。如果你能用幽默为自己寻找机会，为自己创造"台阶"，成功对你来说将不再遥远。就像亚柏先生只是略施幽默小计，便解决了在许多人看来难以迅速解决的问题。

酒会上的尴尬一幕

一个寒冷的夜晚，李民凯站在镜子前，扣好西装领口的纽扣，扎好领结，正了正西装，戴上礼帽，在镜子前做了一个鬼脸，从门后拿了一件貂皮大衣就走出了家门。

今晚,他将前往一个俱乐部参加在那里举行的酒会。对于这个酒会李民凯似乎有着极大的热情,光从他精心的打扮上就能看得出。

到了俱乐部,李民凯自然和大家一样,站在一起畅谈、喝酒、跳舞,大约两个小时的酒会很快就在温馨、融洽的气氛中落下了帷幕。

于是,客人们纷纷起身穿戴衣服,李民凯也不例外。他接过侍从递过来的貂皮大衣和礼帽,并穿戴整齐准备往外走的时候,哪想到有位侍从正在给客人递拐杖,那根拐杖上包的铁皮将李民凯的貂反大衣剐了一个大口子。

此时俱乐部的气氛立马紧张了起来,大家都惊讶地张大了嘴巴,等着看李民凯如何收场,而那位侍从也吓得手足无措,嘴里喃喃自语:"我……我……"

大约过了十秒钟,李民凯看了看被撕开的口子,微笑着对侍从说:"老弟,你以为为我拉开一条缝就能使我这个怕热的人凉快一点吗?"

在场的宾客闻声后都哈哈大笑起来,尴尬的局面即刻被打破了,那位受惊的侍从也怔怔地笑了两声。

心智启迪 这位绅士借助一句玩笑话,既展示了自己的大度,又维护了自己和他人的尊严。当你陷入尴尬的境地时,可以借助幽默使你从中体面地脱身,但幽默不仅仅是为自己,同时也是在为别人。如果你是一个正义且富有人性的人,那就不妨学学故事中的绅士吧,利用幽默给别人开辟一条通道。做到了这一点,你就是一个真正有智慧的人。

比 富

王亮和李明是同一个村庄的村民。一天,他们站在村头的一棵老槐树下斗嘴,互相显摆自己的财富,周围围了很多看热闹的村民。

王亮觉得自己家是村里最富有的,李明认为自己家才是村里最富有的。

王亮说:"我家有十头牛、二十头猪、三十只羊、四十亩田。"

李明说:"我家有二十头牛、三十头猪、四十只羊、五十亩田。"

王亮说:"我家有驴十头、骡子二十头、马三十匹。"

李明说:"我家有驴二十头、骡子三十头、马四十匹。"

……

李明总是说得比王亮多,王亮气急败坏地最后伸出两根手指,大吼一声:"我家无所不有!所缺少的只有太阳、月亮!"

说完,王亮心想:哼!让你再学我,看看到底是谁家有钱!你总不至于说自己家有太阳和月亮吧。

可是,话音刚落,王亮家的仆人就慌慌张张地跑来对王亮说:"厨房没有柴火了,可怎么做饭啊?"

王亮听到后,情急之下以迅雷不及掩耳之势,又伸出了一根手指说:"(我家所缺少的)还有柴火!"

心智启迪 懂得扭转局面的人必定是头脑反应快的机智的人,从王亮的言语中,可以观察到他那机智的应变能力。机智是一种优秀的素质,能使人反应灵敏,巧解人意,并以很快的速度处理尴尬的气氛和困境,为自己夺得更多的主动权。

弦外之音

在白宫举行的一次午宴上,一位男士与柯立芝总统十分器重的某位大使展开了舌战,双方吵得不可开交,那位男士故意贬低大使,说他粗野、鲁莽、无知。

在座的很多官员都在底下议论纷纷,气氛极其尴尬。

这时,一只大黑猫懒洋洋地来到餐桌旁,靠着桌腿蹭起痒来。

柯立芝总统看见了这只大黑猫,为了摆平这件事,他灵机一动,转过身带着调侃的语气对右边的一位官员说:"这只猫真讨厌,它已经是第三次来这里捣乱了,难道它也想参加我们的舌战吗?"

这句话说得很响,整个白宫的官员都听到了,坐在总统左边的那位

"凶悍"的男士也听出了总统话里的意思,于是马上安静下来,整个午宴期间,再也没有听到那位男士大声嚷嚷了。

心智启迪 一个彬彬有礼的总统会在严肃的社交场合突然大声指责起猫来,其中的含意在场人都会心照不宣的,这就是中国人所谓的"弦外之音",也就是话里有话。柯立芝既巧妙地表明了对那位男士无聊的争执的反感,又不影响宴会的气氛,可谓一举两得。

男子汉在与众多势力较量时,多是和对手心与心的较量,这种较量也将是你取得成功的关键一环。所以,你不但要有以不变应万变的心理素质,还要懂得防范这种招数的应变能力。

5. 糊涂智慧

宴会上的洗手水

有一次，英国王室为了招待印度土著居民的首领，在伦敦举行晚宴，当时还是皇太子的温莎公爵主持了这次宴会。

宴会中，达官贵人们觥筹交错，相聚甚欢，气氛融洽。可就在宴会结束时，出了这么一件事：侍者为每一位客人端来了洗手盘，印度客人们看到那精巧的银质器皿里盛着亮晶晶的水，以为是喝的水，就端起来一饮而尽。作陪的英国贵族们见状都目瞪口呆，不知如何是好，大家纷纷把目光投向主持人。

温莎公爵神色自若，一边与客人谈笑风生，一边也端起自己面前的洗手水，像客人那样"自然而得体"地一饮而尽。

接着，大家也纷纷效仿，本来要造成的难堪和尴尬顷刻释然，宴会取得了预期的成功，当然也就使英国的国家利益得到了进一步的保证。

心智启迪　温莎公爵观察到印度土著首领喝了洗手水后，镇定自若，"糊涂"地也跟随客人将洗手水一饮而尽，不但巧妙地处理了尴尬的局面，而且还为国家赢得了利益。可见，大智若愚的智者，在为人处世时，不但要有"糊涂"的技术，而且要有一个良好的心态，既能察言观色，也能处变不惊，更能乐观地面对突发事件。

狄仁杰的"糊涂"

武则天当上了皇帝,对反对她掌权的人进行了无情镇压。但她又十分重视任用贤才,经常派人到各地去物色,只要发现谁有才能,就不计较门第出身、资格深浅,破格提拔,大胆任用,所以,在她的手下,涌现出一批有才能的大臣,其中最著名的是狄仁杰。

狄仁杰当豫州刺史的时候,办事公平、执法严明,受到当地百姓的称赞。武则天听说他有才能,就把他调到京城任宰相。一天,武则天召见他,说:"听说你在豫州的时候名声很好,但是也有人在我面前揭你的短,你想知道他们是谁吗?"

狄仁杰说:"别人说我不好,如果确实是我的过错,我应该改正;如果您弄清楚其实并不是我的过错,这是我的幸运。至于谁在背后说我的不是,我并不想知道。"

知道过去是谁诬陷了他,对狄仁杰并无半点儿好处,而诬陷者或许还会担心狄仁杰挟嫌报复,从而多生出一些事来。所以狄仁杰宁愿糊涂,不愿苛察。

任何一个决策的做出都是需要理性计算的,进而迅速正确判断自己及周围相关者在此决策之后的反应,才能实现自己利益的最大化。

新主管的酒后致辞

今天,单位里调来了一位新主管,据说是个能人,专门被派来整顿业务。大多数同人得知这个消息都很兴奋。

可是,日子一天天过去,新主管却毫无作为,每天彬彬有礼地进到办公室,便"躲"在里面难得出门,那些紧张得要死的坏分子,现在反而更猖獗了。他哪里是个能人,根本就是个老好人,比以前的主管更容易糊弄。

四个月过去了,新主管却发威了:不务正业、整天投机取巧的坏分子一律革职,能者则获得提升。下手之快,断事之准,与四个月中表现保守的他,简直判若两人。

年终聚餐时,新主管在酒后致辞:"相信大家对我新上任后的表现和后来的大刀阔斧,一定感到不解。现在听我说个故事,各位就明白了。

"我有位朋友,买了栋有大院子的房子,他一搬进去就对院子全面整顿,杂草、杂树一律清除,改种自己新买的花卉。一天,原先的房主回访,进门大吃一惊地问:'那些名贵的牡丹哪里去了?'我这位朋友才发现,他居然把牡丹当草给割了。后来他又买了一栋房子,虽然院子更杂乱,他却是按兵不动,果然冬天以为是杂树的植物,春天里开了繁花;春天以为是野草的,夏天却是锦簇;半年都没有动静的小树,秋天居然红了叶。直到暮秋,他才认清哪些是无用的植物而大力铲除,并使所有珍贵的草木得以保存。"

说到这儿,主管举起杯来,说道:"让我敬在座的每一位,如果整个办公室是个花园,你们就是其间的珍木,珍木不可能一年到头开花结果,只有经过长期的观察才知道花的特性!"

心智启迪 在人生的探索路上,我们总是不能"糊涂"一下,不能静观一下身边的人和事,而是"当机立断"处理它们,这样我们往往处理坏了很多事情,错失了很多朋友,也错失了很多机会。

教授与疯子

一位心理学教授到疯人院参观,了解疯子的生活状态。一天下来,觉得这些人疯疯癫癫,行事出人意料,可算大开眼界。

想不到准备返回时,却发现自己的车胎被人卸掉了一个。"一定是哪个疯子干的!"教授这样愤愤地想,动手拿备用胎准备装上。

事情严重了——卸车胎的人居然将螺丝也都卸掉了。没有螺丝有备胎也上不去啊,此时,教授一筹莫展。

在他着急万分的时候，一个疯子蹦蹦跳跳地过来了，嘴里唱着流行歌曲。他发现了困境中的教授，停下来问发生了什么事。

教授懒得理他，但出于礼貌还是告诉了他。

疯子听后，哈哈大笑说："我有办法！"于是，他从每个轮胎上面卸了一个螺丝，这样就拿到三个螺丝将备用胎装了上去。

教授感激之余，大为好奇："请问你是怎么想到这个办法的？"

疯子大笑道："我是疯子，可我不是呆子啊！"

心智启迪 糊涂的人不一定真"糊涂"，不糊涂的人也不一定"不糊涂"，俗话说："聪明一世，糊涂一时。"有很多自认为聪明的人，往往在很多事情上都不及那些"默默无闻"的"一般人"。虽然这些"默默无闻"的"一般人"看起来不起眼，也不喜欢出风头，但他们做出的事情往往让我们大吃一惊。所以，用"糊涂"来为自己装扮一份低调，也是一个想要走向成功的人必备的基本功。

逃过杀身之祸的王羲之

东晋时期有个著名书法家王羲之，7岁就开始练字，被人誉为"小神笔"。

朝廷中有位名叫王敦的大将军，常常把王羲之带到军帐中表演书法，天色晚了，还让他在自己的床上睡觉。

有一次，王羲之一觉醒来，听见房间里有人说话，仔细一听，原来是王敦和他的心腹谋士钱凤在悄悄商量造反的事，他们一时忘记了睡在帐中的王羲之。

听到谈话内容后，王羲之非常吃惊，心想：如果他们想起自己睡在这里，说不定会杀人灭口，怎么才能渡过这一难关呢？恰好昨天喝了点酒。于是，他假装酩酊大醉，把床上吐得到处都是，接着，蒙头盖脸，发出轻轻的鼾声，假装睡熟了。

王敦和钱凤密谈了多时，忽然想起了王羲之，不由得心惊肉跳、脸色骤变。钱凤恶狠狠地说:"这小子必须除掉,不然我们都要遭灭门之祸了。"

两人手握尖刀,掀开帐子,正要下手,忽听王羲之说起了梦话,再一看,呼呼大睡的王羲之鼾声正起,四周散发着恶臭与酒气。

于是两人在床前站了片刻,确定王羲之仍处于酒后熟睡中后,便放弃了原来的打算,匆匆离去。

心智启迪 我们在遇到事情的时候,往往总是硬碰硬,最后得不偿失。如果这时你懂得用"糊涂"的战术,可能会改变事情的走向。

聪明的小鸭子

狐狸的肚子饿了,便到处找东西吃。他在河边的草丛里东翻翻西找找,竟然看到一个大鸭蛋。狐狸一个健步跳上去,把蛋抱住,迫不及待地把它放到嘴里。这时鸭蛋里突然有个声音说:"你想吃鸭蛋,还是想吃肥嘟嘟的小鸭子呢?"

狐狸想了想,决定把鸭子孵出来,再大吃一顿。它一屁股坐在蛋上,但是立即又跳了起来:"这样不是会把蛋给压破了吗?"

后来,它想到一个好主意:在地上挖起洞来,然后把蛋放在塞满干草的洞口,用前爪和后爪轻轻地支在洞口,只有软软的肚子轻轻地覆在鸭蛋上。这个主意似乎不错——既能保暖,又不会压破鸭蛋,可是这个姿势太像苦刑了,不到五分钟,狐狸的四肢便痛得受不了了。

于是,狐狸又想到了一个好主意:它捡到一条长长的树皮,用树皮将蛋包裹了起来,它正得意自己的杰作呢,没想到树皮松落,差点把宝贝蛋给砸破了。

狐狸气得把蛋放在嘴里,想一口吃掉算了。哪知道这时候刚好蛋壳破了,出来一只健康活泼的小鸭子。

更没想到的是,小鸭子忽然朝着狐狸的鼻子尖冲过来:"妈妈!

妈妈！"

狐狸被吓呆了，结结巴巴地说："我，我不是你妈妈，我，我是男的，只能做爸爸。"

"爸爸！爸爸！"小鸭子爬上了狐狸的鼻子撒娇。

小鸭子在狐狸的保护下，每天把肚皮吃得圆滚滚的，然后把头钻到狐狸的爪子底下，睡眼蒙眬地说："谢谢你，爸爸。我好爱你，爸爸！"

狐狸见状，无计可施，只好打消了最初的念头。

心智启迪 我们不知道这只小鸭子未来是否真认狐狸做爸爸，但是有这种"糊涂"的精神和意识，却保住了自己的小命。当一个人遇到险恶、困境时，如果用这种方法来保全自己的性命，为自己赢得利益，就是一种智慧、一种成功。

不完整的圆

一个被劈去了一小片的圆想要找回一个完整的自己，于是到处寻找自己的碎片。因为它是不完整的，滚动得很慢，所以领略到了沿途美丽的风景，它和虫子们聊天，充分地感受阳光的温暖。它找到了许多不同的碎片，但都不是它原来的那一块，于是它坚持寻找，终于有一天，它完成了自己的心愿。

然而，当它再次成为一个完整无缺的圆以后，由于滚动得太快了，错过了花开的时节，也忽略了它的那些虫子朋友。当它意识到这一切时，就毅然舍弃了历尽千辛万苦才找到的碎片。

心智启迪 也许正是残缺才令我们收获更多。一个完美的人，从某种意义上说，是一个可怜的人，他永远无法体会有所追求、有所希冀的感觉。这正印证了一句话：完美主义等于瘫痪。为什么不试着糊涂一点呢？也许这样我们的生活会更有乐趣。

"傻乎乎"的流浪汉

有一个愣头愣脑的流浪汉，常常在市场里走动，许多人很喜欢开他的玩笑，并且用不同的方法捉弄他。其中有一个大家最常用的方法，就是在手掌上放一个五角和一个一元的硬币，由他来挑选，而他每次都选择五角的硬币。

大家看他傻乎乎的，连五角和一元都分不清楚，都捧腹大笑。每次看他经过，都一而再再而三地用这个办法来取笑他。

过了一段时间，一个有爱心的老妇人忍不住问他："你真的连五角和一元都分不出来吗？"

流浪汉露出狡黠的笑容说："如果我拿一元，他们下次就不会让我挑选了，我就损失了一笔收入。"

心智启迪 有时候隐藏不见得不好，就像流浪汉一样，隐藏让他每天都有收入。巴西有句谚语说："傻瓜交学费学习，聪明人用傻瓜交的学费学习。"所以，隐藏是聪明人的表现，如果想要成功，就必须懂得如何"隐藏"，因为隐藏总能让我们避免是非，避免不必要的麻烦。

揣着明白装糊涂

1897年，列宁被沙皇俄国当局逮捕并流放到西伯利亚。

在流放地，列宁仍然从事着大量的革命活动，并同散落在各地的社会民主主义者保持着广泛的通信联系。沙皇当局始终没有放松对流放中的列宁的活动进行监视，列宁则机智巧妙地与警察、宪兵们周旋，斗智斗勇，并屡次摆脱险境，显示出了极大的智慧和勇气。

1899年5月2日晚，一队沙皇宪兵突然闯进列宁的住处，面对这突如其来的搜查，列宁从容镇定地给宪兵们递上椅子，请他们站上去，从柜子的顶层搜起。

宪兵们爬上椅子开始搜查。一开始，他们查得非常仔细，但是，看着看着，就被一沓又一沓的统计资料、汇编资料弄得头昏脑涨。不久便完全失去了兴趣，扔下满屋的纸张卡片，一无所获地扫兴离去。

其实，列宁最重要的那些秘密文件和书信，正静静地躺在柜子下面的几个格子里。

心智启迪　　一个懂得糊涂智慧的人总是能够化险为夷，巧妙地隐藏自己的内心，隐藏一切外在的因素。列宁面对搜查时，不但隐藏了自己内心的惊慌，而且将资料放在最下面，并且放凳子让宪兵从上面开始搜查，这是一种机智的表现。他利用一般人做事开始时都很专注、仔细，到后来则渐渐失去耐心的特点，从而转移了宪兵们对关键问题的关注，躲过了一场危险的搜查。

第四章

交朋识友
——男子汉的"潜资源"

1. 摒弃孤立

羊和狐狸

有一只小羊在赶集的时候和主人走散了，它急得团团转，但就是感知不到主人的去向，因为这只小羊的眼睛看不见，它只能靠听觉和嗅觉来辨别主人的方向。

这只小羊拖着长长的缰绳无奈地独自在一条偏僻的路上慢慢地走着，这时对面走过来一只狐狸，狐狸纳闷地问道："小羊，你怎么那样走路啊？眼睛看不见吗？"

小羊说："谁说我看不见了，我不是在好好地走路吗？"

狐狸满是疑惑地问道："你那是在好好走路吗？"

小羊没有回答。

狐狸见小羊不说话，过了一阵说："小羊，你要干什么去？我要去参加一个大型舞会，可是东边的那条河太深了，以我的身高没有办法过去。"

小羊说："你这话是什么意思，是让我帮助你吗？"

狐狸不好意思地说："你要是愿意帮助我，我是不会拒绝的。"

"可是，我正在寻找我的主人呢，他一定急坏了，我现在也不知道自己在哪里。"小羊回答道。

狐狸说："你眼睛看不见，像这样盲目地找，找到天黑也找不到啊，你应该再回到你跟主人走散的地方找你的主人。"

"可是，我已经迷失方向了，你能带我去吗？"小羊哭着说道。

"好吧，我带你去就是了，不过你要先送我过河，然后我再带你去找你的主人，好吗？"狐狸说。

"狡猾的狐狸！"小羊说，"我脖子上有一根缰绳，你拉着它就可以给我引路了。"

狐狸蹲下身子拿起缰绳，牵着小羊大模大样地走起来……

心智启迪 俗话说："人无完人。"总有一些事情是自己心有余而力不足的。综观成功者获得成功的原因，除去才能、环境、机遇和努力等因素，更是因为他们善于结交朋友。如果你具有良好的人际关系，在你困难之际，就会有一只手来为你牵引，即使那只手在你看来是那么不好。

实　验

有一个学者做了这样一个实验：他把六只小猴子分别关在三间房子里，每间房子两只，房子里分别放有一定数量的食物，但放的位置、高度都不一样。

第一间房子的食物依次按照从低到高的顺序，悬挂于房间不同高度的位置上，第二间房子的食物放在地上，第三间房子的食物则挂在房顶上。

几天后，学者发现，第二间房子里的两只小猴子一死一伤，第三间房子里的两只小猴子全都死了，只有第一间房子里的两只小猴子活蹦乱跳，活得好好的。

这是因为，第二间房子的两只小猴子一进房间看到地上的食物，就开始大打出手，争抢地上的食物，最后弄得两败俱伤；第三间房子的两只小猴子，因为悬挂在房顶的食物过高，最终它们被活活饿死了；而第一间房子里的两只小猴子先是各自凭着自己的本领取食，随着悬挂食物高度的增加，难度增大，两只小猴子只有相互协作才能取到食物，于是，一只小猴子托起另一只小猴子跳起取食，由于都能吃到食物，所以它们活了下来。

心智启迪 故事中第一间房子里的两只小猴子是依靠相互之间的依存关系才共渡难关的。这在一定程度上说明了协作的重要性。俗话说："三个臭皮匠，赛过诸葛亮。"因为一个人的力量是有限的，即使是某一个人在某些方面有独特的才能，取得了成绩，也只能是暂时的。如果你已经习惯了独自一人孤军奋战的话，久而久之一定会失去众人的支持和信赖，最终让自己一败涂地。所以，从现在开始，注意观察身边的小伙伴，结交挚友，这对你的成长是大有益处的。

不做孤行者

1979年，一个平时在街头给人洗车的孩子，被巴西奥拉里亚俱乐部的教练席尔瓦从街头带回，他看着这个来自贫民窟的13岁男孩说道："他们都说你球踢得不错……"一个星期后，这个孩子正式成为奥拉里亚少年队的一员，他就是罗马里奥。进入奥拉里亚俱乐部后，罗马里奥进步神速。

1983年，17岁的罗马里奥进入该俱乐部的一线队，一段传奇生涯就此拉开序幕。同一年，罗马里奥初登国际舞台，帮助巴西队夺取了20岁以下世青赛冠军。

无论是在俱乐部还是国家队，罗马里奥都很难与队友和教练友好相处，他拥有超强的进球能力，也有桀骜不驯的个性。嘲讽教练、挖苦队友、殴打球迷，至于训练偷懒、不请假就离队……这些对他来讲更是家常便饭。

所以，人们给了他一个称呼——独狼。他在埃因霍温的主教练之一老罗布森回忆说："罗马里奥是我见过的最难合作的人之一，但他也是我执教生涯中前所未遇的天才。我无法改变他，只有想办法和他相处。"

1998年，由于我行我素的行事风格，他与队友不和，失去了队友的信任。然而，对于一个团队来讲，信任是团队取胜的基石，没有了这个重要的因素就意味着失去了一个球队的意义。所以，巴西队主教练扎加洛把罗马里奥排除在国家队之外，结果巴西队在那届世界杯只得到了亚军。也许有人在想：是不是因为罗马里奥没有参加？然而，在2002年韩日世界杯时，巴西队主教练换成了斯科拉里，他依然顶住重重压力，最终没有起用罗马里奥，而这次巴西队却得了冠军。这场比赛的结果把罗马里奥在"个人技能"与"团队力量"的博弈中定格为一个永远而彻底的失败者，由此也验证了一个优秀的团队容不下"孤独的狼"，一个一意孤行的独行者注定会被淘汰。

2007年，罗马里奥个人的第1000个进球及年底检查出服用违禁药物被禁赛的事件的发生，促使他最终退役。

罗马里奥的成功之路很难在现代足坛中复制，但是，他注定只是一匹孤独的狼、一个难以合作的独行者，所以他只能留下精彩的足迹，却留不住永恒的辉煌。

心智启迪　从罗马里奥的经历中，我们可以得到这样一个启示：一个有超凡能力的个体一旦脱离了团队的支持，失去了他人的信任，将很难继续书写个人的精彩篇章。

著名的教育家徐特立曾说过："任何人都应该有自尊心、自信心、独立性，不然就是奴才。但自尊不是轻人，自信不是自满，独立不是孤立。"其实，我们每个人都无法离开别人存活，即使你家财万贯、能力超群、意志坚定，孤军奋战的结果必定也不会美满。

朋友是最好的领路人

1966年，一个男孩出生在莫斯科东南800千米的萨拉托夫，父母早亡，他由伯父抚养成人。

早在上学期间，他就经常到黑市上去倒卖万宝路香烟、香奈尔香水和名酒等奢侈品，完成了自己创业初期的原始积累，然后进入商贸界。

1992年，他遇到了俄罗斯最有影响力的大亨别列佐夫斯基。别列佐夫

斯基将他引进了俄罗斯前总统叶利钦的圈子，他成了前总统叶利钦政府的一员。

29岁的时候，他凭借着和叶利钦家族的良好关系，成功地买下了俄罗斯第五大石油公司西伯利亚石油公司，只花了这个公司实际价值8%的价钱。而石油资产在他的庞大金库里仅仅是冰山一角，他拥有世界上第二大铝生产厂——俄罗斯铝业公司50%的股份，甚至还拥有俄罗斯国家航空公司俄罗斯民用航空26%的股份。

2001年，当别列佐夫斯基失宠于普京，因涉嫌诈骗逃亡到英国之后，他坚决站在普京一边，并顺理成章地代替了别列佐夫斯基的位置。此后因为与普京的密切关系，他甚至被称为"克里姆林宫看不见的手"。但是，别列佐夫斯基的前车之鉴让他深悟到俄罗斯政坛的险恶，于是他移居伦敦。

2003年夏天，他用1.3亿英镑购买了债台高筑的英国切尔西足球队，他挥舞着支票徜徉于各大俱乐部之间，先后为切尔西拉来了贝隆、克雷斯博、穆图等超级巨星，把实力中等的切尔西打造成了英超的一支"航空母舰"。

他就是超级富豪——阿布拉莫维奇。

心智启迪 列夫·托尔斯泰认为："谁都会有需要朋友、需要帮助的时候。"当我们办事不顺或者四处碰壁的时候，你往往会发现，如果能和某件事的关键人物搭上关系，做起事来就会顺畅很多。因为，只要我们和那些关键人物有所联系，当有事情想要去拜托他或是与其商量讨论时，总是能够得到很好的回应。

探险奇遇

罗文是一个探险爱好者，他曾经一个人攀登过阿尔卑斯山，探险过海底世界。

这一次他利用休假，只身一人来到了亚马孙河的一个原始森林中探险。

但是，由于准备不足，他在这个深邃而又庞大的原始森林里迷了路，他不断地穿行、奔跑，手中拿着指南针辨别方向，但就是找不到来时的路。

不知不觉，罗文已经走了一个星期，眼看着口袋里的食物就要吃光了，还是不见出路。最后他垂头丧气地靠在了一棵粗大的树干上大声地喊道："上帝，请你指点我到底应该怎么办？难道我真的要命丧于此吗？这样下去，我早晚会被那些猛兽当宵夜吃掉的。"

"先生，请问如何才可以走出这个原始森林呢？"一个声音在他的耳边响起，他循声望去，原来，站在他不远处的这个人也是来这里探险的。看他的样子一定和自己一样迷了路，见到有人可以陪伴他，罗文心中不禁燃起了希望。

"真的很抱歉，我没有办法给你指路，因为我也迷路了，这里的地理环境比我想象的还要糟糕。但是，我相信，如果我们两个齐心协力共同出谋划策的话，就一定会走出这片原始森林。"罗文回答道。

那个人认真地点了点头。于是，两个迷路的人坐在一块空地上开始研究怎样才能够走出这个可怕的森林，他们仔细分析了这里的地理环境及各条路径。

不久，他们就找到了一个出口，安全地走出了这片原始森林。

心智启迪 事实上，人脉越广，路子越宽，事情就越好办。一个优秀的人，往往能影响他身边的人。有人脉是想成大事者必备的条件。因为一个人的智慧是有限的，精力也是有限的。所以，在困境中要善于同他人合作，齐心协力、共渡难关。

多个朋友多条路

1987年，陈朝晖考入中国青年政治学院，本拥有一腔政治抱负的他却因为自己爱交朋友的开朗个性获得了一次难得的商机，从此开始了在商海中的博弈。

有一天，一个学生找到他谈生意，说他开了一个简陋的咖啡厅，大概

已经亏了1000元,因为发现陈朝晖有商业头脑,就问陈朝晖有没有兴趣接手。

陈朝晖看后,马上找到一个同班学生,两人共同凑了800元钱买下了咖啡厅,合伙经营。几个月后,他买断了合伙学生的"股份",通过一系列"改革",使咖啡厅焕然一新,并小赚了一笔。

大学毕业前,陈朝晖就已经定下志愿——经商。但因为当时实行统一分配,而且必须分到机关,所以他被分到了成都的一个市级机关。

1993年的一天,陈朝晖的一个朋友在百事可乐四川公司工作,问他有没有兴趣过去做销售,他马上就答应了。

当时百事可乐四川公司初建,工资不比机关高,什么福利都没有。但陈朝晖从来没有后悔过。

一年后,在朋友的推荐下,陈朝晖又到一家雅士广告公司担任经理。第一笔业务是一位大学学生介绍的:一家桑塔纳维修站要做一些铜牌、条幅、泡沫字。他带头爬上二十几米的云梯,安装泡沫字。这笔业务获利600元,是雅士公司从市场上赚到的第一笔钱。

半年以后,雅士公司赚了几万元钱,但是公司老板觉得这点钱太少,不想做了。陈朝晖抓住了这个机会,自己买下了雅士公司,1995年1月在一个宾馆租了两间房,开始自己当老板。

1996年到2000年,雅士公司的主要经营范围是广告策划和食品代理。但由于两个行业都是属于资金密集型行业,所以资金紧张成了陈朝晖最头疼的问题。他不断寻找新的利润增长点。

2000年7月,陈朝晖接到一个外地朋友的电话:"你们四川有一种方便粉丝,比方便面还好吃,在我们这里卖得很好……"对方的话给了陈朝晖灵感——做方便粉丝这个项目。于是,他创立了"白家"商标和四川白家食品公司,并获得了巨大成功。

心智启迪   俗话说:"多个朋友多条路。"朋友不但可以影响你的工作,还可以引你走向成功。正如陈朝晖的几次人生转折,都是靠朋友的指引才一步步走向成功的。你可以从现在开始,主动经营自己的朋友圈，但你一定要在心里有一个"筛子"：什么人好？什么人坏？什么人忠？什么人奸？什么时候该用什么样的人？这些都要靠自己把握和驾驭，选择对了才能使朋友这个资源发挥最大的作用。

2. 经营友情

收集"石头"

一天，杰克与同伴整理好行囊，准备去遥远的北极寻找资源。当他们出发的时候，突然从东方闪现了一束耀眼的光芒，有一位天神从光芒中缓缓降下。他们殷切地期盼着，希望能得到天神的指点。

天神对他们说："在前往北极的途中，你们一定要记得捡些路边的石头放进背包中。抵达目的地后，你们会为这些石头欢欣雀跃，同时也会万分沮丧。"说罢，天神就顺着光芒消失在了东方。

杰克和伙伴们很疑惑，也很懊恼，他们本以为天神会直接赐给他们要找的资源，却没想到天神会让他们做一些毫无意义的事情。他们最终还是遵照天神的旨意，在前往北极的路上捡了一些石头。

一个月、两个月过去了，他们越往北走，天气就越寒冷。这天夜里，风雪交加，他们要安营扎寨时，突然发现背包里的石头变成了红彤彤的热球，不时地散发出热气。这让他们喜出望外，但同时又很后悔，后悔没有多捡一些石头，因为捡到的这点石头只够两个人取暖。

心智启迪 友情就像故事中的石头一样需要积累，更需要经营。所以，平时一定要提前在自己的行囊中多收集一些路边的"石头"，以备不时之需。如果等到需要时才认识到"石头"的重要性，恐怕为时已晚。

交"一个半朋友"

有一个大侠在血雨腥风的江湖上惩恶扬善、行侠仗义多年。临终前，他把跟随自己多年的徒弟叫到床前叮嘱道："江湖险恶，尔虞我诈，但切记，一定要结交到一个半朋友，这样你才能在江湖上继续走下去。"

徒儿十分疑惑，不解地问师傅："为什么是一个半朋友呢？"

大侠吃力地坐起身，凑到徒儿的耳边交代了一番，接着说："你按照我说的快去快回，你自然就会明白，我为什么让你在江湖上结交一个半朋友了。"

徒儿按照师傅的话一一地去做，他先去拜见了那"一个朋友"，对其说："我是关中大侠的徒儿，现在正被朝廷追杀，情急之下就来投奔您了，希望大人搭救。"这个人一听，立即叫来自己的儿子，让儿子迅速与徒儿互换衣服，让徒儿藏在了自家的地下室里。

在说明来此的真相后，徒儿从地下室出来，又前往那"半个朋友"的家里。徒儿一见那"半个朋友"便跪在地上使劲磕头，把同样的话说了一遍。此人听后显得很慌张，随即对眼前这个"朝廷要犯"说："这等大事我可帮不了你，我给你盘缠，你远走高飞吧，我保证不会告发你的。"

徒儿回到家中，对大侠说道："师傅，徒儿明白了，在今后行走江湖时，我会结交'一个半朋友'的。"大侠听徒儿这样说，便安心地与世长辞了。

心智启迪　"一个朋友"会在你生死攸关的时候，为你两肋插刀；即使那"半个朋友"不会与你肝胆相照，也会向你伸出援助之手，决不会落井下石。所以，在经营友情时，你要具备一种交友智慧：在结交众多朋友的同时，更不要忘记重点结交"一个半朋友"。

交友的价值

一个男孩在一次偶然的机会向朋友借阅了一些最新的电脑书。从此以后，他经常跟这位好友出入学校的计算机房，两个人一起玩编程游戏。从"三连棋"一直玩到"登月"，临毕业时，他也成了一个计算机高手。

这年春天，男孩考入华盛顿州立大学，学习航天；隔了一年，他的那位朋友进入哈佛大学学习法律。两人虽然不在一个学校，但经常联系，男孩继续跟他借书，他们继续探讨编程问题。

1974年的寒假，男孩在《流行电子》杂志上看到一篇介绍世界第一台微型计算机的文章，异常兴奋。男孩拿着那本杂志去了哈佛大学，当男孩的朋友看到杂志上那台电视机大小的计算机后，做了一个重大决定——放弃学业，全力搞计算机。

从此以后，两个人没日没夜地工作。两个月后，他们终于用BASIC语言编了一套程序，这套程序可以装进那台名为Altair8008的微型计算机里，并且能像汽车制造厂的大型计算机一样工作。

当他们带着这套程序走进那家微型计算机生产厂时，竟然得到一个意想不到的答复：厂家答应给他们3000美元的基价，以后每出一份程序拷贝，付30美元的版税。这让他们喜出望外，再也没有回到学校。

三个月后，一家名为微软的计算机软件开发公司在波士顿注册，总经理是比尔·盖茨，副总经理是保罗·艾伦。

心智启迪 中国有句老话："近朱者赤，近墨者黑。"在这个世界上，朋友的影响力非常大。因此，如果你想展翅高飞，那么请你多和雄鹰为伍，并努力成为其中的一员吧。

朋友贵在相知

李明是一个非常善于交际的人，他本人也很热情大方，周围的朋友都夸赞他："李明是一个真正的慷慨绅士。"每当听到这样的赞扬时，李明都会窃喜，随后便会说一句："下班后某某酒楼聚聚，我请客。"就这样，他的身边时时刻刻都会有那些朋友陪同。

有一次在酒桌上，其中一位哥们儿对李明说："李明，我们应该找点其他的乐趣，喝完后去一个有意思的地方试试手气如何？"听到这样的提议，两人一拍即合。于是，他们结束了饭局后就去了赌馆。

让李明没有想到的是，第一次到这种地方，他的手气会这么好，一个小时的工夫赢了几千块。尝到了乐趣和甜头的李明，便成了这里的常客。但是，这一次，李明失掉了好运气，一瞬间他输掉了身上的所有现金。

不服输的李明取来信用卡上的钱，试图找回自己的运气。然而，天不遂人愿。最后，像刮龙卷风一样，李明的钱全部被卷进了别人的口袋。就在颓废之际，他想到给那个提出试试手气的朋友打电话求救。可是，当他说现在身无分文的时候，对方却开始搪塞起来："我也不宽裕……"

随后，李明又打给其他朋友，得到的都是同样的答案。这让李明十分费解。

无奈之下，他只好求助于家人。

心智启迪 其实，李明的最大问题就出在他对朋友的定义上，"朋友"并不是那些吃在一起、喝在一起、玩在一起的人。朋友原有"益友"与"损友"之分；也有"道义之交"与"酒肉之交"之别。庄子曾说过："君子之交淡若水，小人之交甘若醴；君子淡以亲，小人甘以绝。"所以，智者要以"淡"字交友：有能力时多交清淡朋友，有钱时不交酒肉朋友，得志时慎交逢迎朋友，失意时要交知心朋友。

巧识生命中的贵人

有一个小男孩,家境并不富裕,他由母亲抚养长大。母亲每天要在一家干洗店工作十二个小时,他自己也在晚上到一家煤气站干活。母亲的行为使他明白,应当吃苦耐劳,努力工作。这种经历让他能够坚持读完中学,尽管他在学业上并不是最好的。他的母亲说:"如果你想成功,你就必须读完中学。"

他不是一个优秀学生,他学到的知识也不多,但他每天都坚持去上学。

后来,他遇到了指点他去寻求机会的第一个贵人,是他的一位教导员。这位教导员使正在读高中的他有信心去参加升学考试。考试的成绩不太好,不过,足以进入一所四年制的公立大学。他当时不想读大学,但那位教导员改变了他的人生方向,还帮助他在那所大学找到了一份工作。他住在大学生宿舍,在那里所接触到的学生和教授向他展示了另一种生活。

他不是一个优秀学生,毕业时的平均成绩也只是中等。但是,如果没有那位教导员指引他上大学,他就会在那个煤气站里干全职工作,很可能在那里干上一辈子。

大学毕业后,他在医疗设备工厂当推销员。他按照自己的方式逐步发展,建立起自己的公司,并专注于对新建立的医疗公司的投资。他所投资的公司正在生产一种聚合物,在美国之外的医疗试验中很畅销。这种聚合物注射进膝关节,对骨关节炎病人会有很大帮助,可避免病人做整个膝关节的手术。这是他的公司从开办到最初赢利一直关注的第七家医疗设备公司。

他就是明尼苏达州明尼托恩卡生物投资集团的副总裁——沃伦·比尔克。

心智启迪 其实，成功的重要因素就是"贵人的作用"。什么叫"贵人"？大致来讲，贵人就是能够给你带来幸运的人，能够给你提供帮助的人，能够为你排除危险和危机的人。总之，贵人就是助你成功的人。如果想要很好地"经营"你的贵人，首先要做到与人为善，广结善缘，扩大自己的交际圈，并且能够识别出贵人。

3. 交友智慧

结交优秀的朋友

爱德华·莫克6岁时，由于家庭贫困，无奈从荷兰移居美国。

为了赚钱，莫克当过擦窗工人，还当过报童。16岁时，他到过波士顿，与温迪尔共进早餐。不仅如此，他还帮洛克菲勒整理过书信，同他一起上剧院。他向他们学习工作的方法及秘诀。别看莫克只有16岁，但他的社交关系可比那些大人广泛得多。不管对方是陆军部的还是海军部的达官显贵，同他们接触，他都毫无惧色。

19岁时，他创办了一份报纸，大半都是请名人撰稿。

23岁时，他大显身手，创立了世界上第一个报纸同业公会，并获得了美国和平奖哈佛特广告奖。

心智启迪 故事中，莫克的成功得益于结交了许多优秀的朋友，因为优秀的朋友既可以是榜样，又可以是良师。

俗话说："物以类聚，人以群分。"你和你的朋友必然有共同之处，能相互影响。你的朋友对你有着非常大的影响力，甚至可以决定你的命运。因为你的朋友会影响你的目标、行为和斗志。所以，你应该结交那些具有优秀品质、有能力的人。

真挚的友谊

北宋政治家范仲淹和石曼卿是至交。

有一天,范仲淹的儿子范纯仁在苏州收了一船小麦,在丹阳靠岸休息时,正巧碰见了石曼卿。范纯仁上前问好,发现石曼卿面有忧色。他询问了缘由后,才知道石曼卿的老伴去世了,原本打算到河南商丘县下葬,但盘缠已尽,只好滞留于丹阳。

于是,范纯仁当即把一船麦子送给了石曼卿,并留下同伴帮助他料理丧事,他只身一人回家告知父亲。范仲淹对儿子的行为倍加赞赏。他认为钱财的多少并不重要,朋友的情义才是最珍贵的。

心智启迪 真挚的友谊无须靠丰盛的宴席作为铺垫,更不需名贵的酒水作为沉淀。朋友应该是万事如意时的快乐分享,患难与共时的相依相偎,更是失意迷离时的关怀备至,遭遇困难时的鼎力相助。如果朋友之间没有这种精神上的协调一致,没有心灵上的和谐沟通,即使时时相伴也是知面而不知心。

泥土的芳香

有一天,一个人在路上走着走着,发现路旁有一堆泥土,从土堆中散发出香味。

于是,他就把这堆土带回家去,一时之间,他的家中竟满室香气。

"你是从哪里来的珍宝?还是一种稀有的香料?或是一种价格昂贵的材料?"这个人好奇而惊讶地问这堆土。

泥土说:"全都不是,我只是一堆普通的泥土而已。"

路人奇怪地问:"那么,你的身上为什么会有一种浓郁的香味呢?"

"我只是曾在玫瑰园和玫瑰一起相处了很长时间而已。"泥土很高兴地说道。

心智启迪 俗话说："近朱者赤,近墨者黑。"可又有多少人能够仔仔细细地分析一下自己身边的哪些人是"朱",哪些人是"墨"呢?如果你想让自己变得更优秀,那你就要从现在开始,仔细地分析一下你身边的人,看看哪些人是值得交往的,哪些人是不值得交往的,从而去粗取精、去伪存真,这样才会让自己真正受益。

热 茶

日本历史上有一位名将,他就是石田,这位将军叱咤疆场,无人不晓,赢得了很多人的尊敬。

其实,石田在成名之前曾在寺里生活。他除了具有过人的武功和胆识之外,其真诚的个性也是世人皆知的。

一天,闻名日本的幕府大将军丰臣秀吉口渴到寺中求茶,石田热情地接待了他。在倒茶时,石田奉上的第一杯茶是大碗的温茶;第二杯是一中碗稍热的茶;当丰臣秀吉要第三杯时,他却奉上一小碗热茶。

丰臣秀吉不解其意。

"这第一杯大碗温茶是为解渴的,所以温度要适当,量也要大;第二杯用中碗的热茶,是因为已经喝了一大碗不会太渴了,稍带有品茗之意,所以温度要稍热,量也要小些;第三杯,则不为解渴,纯粹是为了品茗,所以要奉上小碗的热茶。"石田解释道。

丰臣秀吉被石田的真诚深深打动,于是将其收留。经过多年的征战,石田成了扬名内外的将军。

心智启迪 善待朋友是一件纯粹的快乐的事,倾尽所能地给予友人无微不至的真诚关怀,就很容易让人感动,从而能够得到他人的真心相待。小事的真诚,往往蕴含着大是大非上的忠诚,才能够让朋友信赖你。所以,对待朋友,一定要真诚。

第五章

取舍艺术
——男子汉的"太极拳"

1. 权衡得失

轮船上的老人

在公司的安排下，王洪亮去参加一个在巴黎举行的众多国家著名企业管理人员进修的精英培训班。

在准备好了一切后，他踏上了梦想之旅，初见到海浪的他显得格外激动，整个人都陶醉在眼前这片浩瀚的景象之中。

没有想到的是，轮船行驶途中突然遇到了暴风，暴风吹起的海浪拍打着整个船身，致使轮船大幅度地摇摆，船上的游客惊慌失措，一片慌乱。

就在这时，一位老人的举动吸引了王洪亮的注意力。这位老人并没有像其他游客一样恐慌地到处乱跑，而是不动声色地坐在凳子上，双手合十，静静地祷告。

半个小时后，狂怒的风暴终于过去了，一切又恢复了平静。

王洪亮站在一旁好奇地看着这位老人，等他睁开眼睛的时候，王洪亮才慢慢地靠近他。

"刚刚经历的那一幕，难道您不害怕吗？"王洪亮小心地问道。

老人笑了笑说道："我有两个儿子，大儿子在去年的一次海啸中被无情的海浪卷走了，现在他在天国；小儿子现在住在巴黎。在刚刚狂风肆虐的时候，我就在心底默默地向上帝祷告，如果接我到天国，我就去和大儿子相聚，算一算已经一年没有见他了。如果不接我去天国，那我就去巴黎看我的小儿子……无论是让我见大儿子还是小儿子，我都同样高兴。所以,我不会害怕。"

心智启迪 其实,在生活中,每件事情都有两面性,有好就有坏。当坏的事情摆在你的面前时,你应该努力找到一个解决问题的办法,用平和的心态看待生命中的得与失,千万不能逃避,更不要恐惧。

石头与黄金

有一个探险者,在准备出发的前一天晚上,一位牧师把他带到一个偏僻的果园里,说:"明天你就要踏上探险之路了,一路上你一定会遇到很多艰难险阻,有时会需要用金钱来解决问题。你看到那棵枣树了吗?"牧师用手指了指前面的枣树继续说道:"在这棵枣树下面,埋藏了很多黄金。如果你需要的话,就往下挖吧。挖得越深,你得到的黄金就越多。但是有一个条件,你必须将挖到的黄金全部带在身上,让它们陪伴你的整个探险之路,绝对不能丢弃。"

探险者听了牧师的话,激动不已,迅速跑到枣树下挖了起来。可是,黄金并不容易挖到,挖了两米才露出一块,再挖两米又露出一块,等挖到六米的时候才露出了第三块。探险者环顾四周,一片漆黑,十分凄凉。

看到眼前的情景,他不禁打了个冷战,心想:这要挖到什么时候才能够全部挖完啊!他看了看身边装得满满的背囊,遗憾地决定不再挖了。

第二天清晨,探险者满心欢喜地拿着这三块黄金上路了。

一个早上,他一觉醒来,发现放在枕头旁边的三块黄金全部变成了石头,他非常惊讶。然而,他并没有因此而失望,相反却暗自庆幸:"幸亏我只挖了三块,要是挖得多的话,岂不做了更多无用功……"

心智启迪 人生中，有欢喜就会有悲伤，有团聚就会有分离，有得到就会有失去，这些都是我们必须经历的。面对挫败我们不能心灰意冷，更不能自暴自弃，而要越挫越勇，重拾自信，相信明天会更好。

老人与鞋子

一位老人在高速行驶的火车上试鞋，不小心把新买的皮鞋从窗口掉了一只下去，周围的人都替他感到惋惜，不料老人立即把第二只鞋也从窗口扔了下去。这一举动让人大吃一惊。老人解释道："无论这只鞋多么昂贵，对我而言已经没有用了，如果有人能捡到一双鞋子，说不定他还能穿呢！"

心智启迪 有时候，放弃是为了更好地成全别人。懂得放弃，懂得取舍，不要只顾眼前利益。狭隘的目光总是妨碍我们看到更远的东西，塞翁失马，焉知非福？要善于从损失中看到价值。

选　择

这一天，3岁的小明一个人在客厅的地毯上玩耍。

突然，妈妈听到从客厅传来他的哭声，急忙放下手里的活，将手在围裙上擦了擦，就冲进了客厅。只见小明的手卡在了书柜中的花瓶里，瓶口很小，瓶身宽大，孩子的手伸进去了就抽不出来了。

妈妈用了各种各样的方法，想把孩子卡在里面的手拿出来，但都无济于事。有点着急的妈妈只要稍微用点力，小明就疼得嗷嗷直叫。

最后，妈妈选择打碎花瓶，尽管这个花瓶是一件非常珍贵的古董，但为了小明的手能够安全地取出，她不再犹豫。

"啪"的一声，花瓶被打碎了，小明的手终于拿了出来，妈妈紧张地将小明的手拿过来，仔细查看有没有受伤。

庆幸的是，小明没有任何皮外伤，但他的手仍是紧紧地握着而无法张开。是不是抽筋了呢？妈妈感到有点奇怪。

经过一番努力，妈妈终于发现了小明的手张不开的原因，原来他的手中紧紧握着一枚一元的硬币。这时，妈妈才明白小明的手之所以抽不出来正是因为他不肯放弃手中的那枚硬币。

心智启迪 如果你仔细体会那些曾经经历的事情，就会发现在每个抉择中"得与失"都是并存的，这是一种客观规律。因为十全十美的事物是可遇而不可求的，所以，你在做选择时，千万不要因为贪心反复思量，犹豫不决，这样会让你错过有利时机，进而失去很多东西。正确的做法是：当你面对选择时，需要衡量如何做才能得到的东西多，失去的东西少，接着就可以大胆地去做。

"这是件好事"

以前，有一位有勇有谋的大臣，他有一句大家都耳熟能详的口头禅——这是件好事。

一天，国王在王宫里擦拭宝剑时，不小心将自己右手的小指头给割断了。那位大臣闻讯立即赶到王宫，看到国王正在包扎那只鲜血淋漓的手指。他不由自主地说了一句："这是件好事。"

国王听到这话勃然大怒，并下令将这位出言不逊的大臣关入大牢。此时大臣并没有惊慌，他在离开之前，还自言自语："这是件好事。"

几个月后的一天，国王带着一群大臣来到森林狩猎，由于国王急于捕捉一只羚羊，竟无意间穿过了国界，追逐到食人族的地盘。食人族将国王和大臣们都抓了起来，其中一个巫师决定用国王的血来献祭。

正要举行祭礼时，巫师发现国王右手少了一根手指。按照食人族的规矩，肢体不健全的人是不能用来献给祖先的。所以，他当即将国王逐了出去，而那些和国王一起被抓的大臣却没有一个活着回来的。九死一生的国王回到宫中，想起当初他受伤时那位大臣的话——这是件好事，国王恍然大悟，连忙吩咐马上将大臣从大牢里释放出来。

国王为在这几个月中对大臣的苛待而深表歉意。而大臣还是那句话："这是件好事。"

国王疑惑地问道："我把你关了这么久，对你来说，这也是件好事吗？"

"这当然是件好事了。如果我不在牢里，一定会陪您一起去狩猎，那么我今天也就不能站在这里了。"大臣笑着回答道。

心智启迪 在好事中，有坏的因子；在坏事中，有好的契机。所以，无论你遇到什么事情，只要保持积极乐观的心态，用"这是件好事"来看待周围的人和事，那么你一定会得到意外的惊喜。正如故事中国王的手指被割断了，这让他幸免于难；而大臣由于被关了起来，也让他逃过一劫。

有失必有得

以前，有一名老翁，主要以捕鱼为生。

一天清晨，他照常来到溪边，发现溪上游的碎石因为昨天的雷雨而冲到下游来了，溪里全是碎石，不能捕鱼了，他便号啕大哭起来。

溪旁山坡上有间小庙，庙里的僧人听见他的哭声，便走下山坡问他："老人家，你哭什么呢？"

"溪里全是碎石，我怎么下网捕鱼啊？"老翁回答道。

"不能下网捕，可以用手抓呀！你没看鱼儿全在碎石上、石缝间跳跃吗？"僧人说道。

老翁揉揉眼睛看去，果然鱼儿全在碎石上、石缝间跳跃。

"怎么刚才没发现呢……"老翁高兴地说。

心智启迪 得与失，必有平衡点。它们平均地散布在你所在的时空，任你感受体会。如果你常感觉失落，那是你心眼偏小；如果你的心态正确，就会常体验获得。

取舍的艺术

吴刚是一个公司的销售员，属于工薪阶层，经济上并不宽裕。

有一天，他在报纸上看到了一条新闻：一个中年人因为买了彩票而一夜暴富，中了上千万的大奖。

于是，吴刚也开始做起了通过买彩票而发大财的美梦。他很快成了一个铁杆彩民，甚至达到了痴迷的程度。即便是在每天工作的时候，他都会在办公桌上一遍又一遍地写着各种组合的数字。下班后，他第一个冲出公司，飞奔到彩票站购买彩票。

买下彩票后，他便天天梦想着自己能中大奖。因为他对自己的电话号码特别钟爱，所以每次买彩票专挑自己的电话号码，但结果都是竹篮打水——一场空，屡买屡不中。在"彩运"不佳之时，他就会忧心忡忡、意志消沉。

无奈之下，他换了号码，没想到这次却喜从天降，他意外地中了奖。虽然奖金只有2000元，但这让他重新找回了自信，于是他将自己一个月的薪水全部买了彩票，这次的投入也有了收获。

长此以往，吴刚越陷越深，他将自己的存款全部用在了他的"彩票事业"上。当他从彩票站走出来的时候，突然有种意犹未尽的感觉，他从亲友们那里筹集了一大笔资金后，又匆忙地回到彩票站买了那一组他的幸运号码。但这一次，幸运之神不再垂青他，他赔掉了所有积蓄，还欠了一大笔债务。

由于他这段时间沉迷于彩票而无心工作，他的销售业绩接连几个月都不达标，最后他被公司辞退了。

心智启迪 其实，每个人都有一个共同的心魔——"取"。如果你把自己束缚在一个领域的框架内而无法自拔，就一定会扼杀你的独立人格和自由灵魂。如果你可以驾驭它，并战胜它，你就会成为主宰自己命运的强者。所以，我们一定要懂得取舍的艺术，取与舍虽然是一个对立面，但

它们是紧紧联系在一起的。"取"是一种本事，它有时是建立在"舍"的基础之上的。

适时舍弃也是一种智慧

岛村生于日本一个乡村，由于家境贫寒，年轻时背井离乡到东京谋生。

他好不容易在一家材料店找到一份工作，但每个月只有1.8万日元的收入，除去寄回家里的生活费，他能自己支配的钱已是所剩无几。

岛村打算自己创业，但资金问题一直困扰着他。于是，他选定了一家银行作为目标，一次又一次地提出贷款申请。直到第70次时，对方终于被他那百折不挠的精神所感动，答应贷给他100万日元。

后来，岛村在亲朋好友的帮助下，又筹到了100万日元。

于是，岛村辞去了店员的工作，开始销售绳索。

为了打开市场，岛村想出了"先舍后取"的方法：他先从麻产地冈山以0.5日元的价格大量买进45厘米长的麻绳，然后按原价卖给东京一带的纸袋厂。这种做法虽然亏了本，但"岛村的绳索确实便宜"的名声远播，订货单从各地像雪片一样飞来。

过了一段时间，岛村拿着进货单据到订货客户处诉苦："我们合作这么长时间了，我可没有赚您一分钱。但现在我真的坚持不下去了。"客户们听后，心甘情愿地把每条麻绳的订货价格提高为0.55日元。

接着，岛村又到冈山找麻绳厂商商量："您卖给我一条绳索0.5日元，我是一直照原价卖给别人的，因此才得到现在这么多的订单。如果这种无利的生意继续做下去的话，我就破产了。"

厂商一看他开给客户的收据存根，大吃一惊，这样甘愿不赚钱做生意的人，他生平头一次遇见，最终他答应将价格降到每条0.45日元。

这样，一条绳索可赚0.10日元，按当时他每天的交货量1000万条计算，一天的利润就有100万日元。

 **心智启迪** 放弃是一种态度、策略和手段。男子汉要有这样的勇气和魄力。其实,有时适时地放弃也可以带来更多的收获。

2. 以退为进

买 卖

一次，有个城镇正在举行大型集会。王猛然得知消息后马上赶了过去，他是一位烹调设备推销员，他推销的是现代烹调设备，每套价格为298美元。他在集会上不断示范着这套烹调设备，而且主要强调这套设备最大的好处是能节省燃料费用，他还把烹调好的食品散发给人们，免费请大家品尝。

这时，走过来一个顾客，看了看这套设备，一边吃着食品一边咂咂嘴说："味道不错。不过，我告诉你，你这设备再好，我也不会买的。298美元买一套锅，真是天大的笑话！"此话一出，周围顿时响起一阵哄笑声。

王猛然抬起头看看面前的这个人，说这话的人正是当地一个很有名的守财奴。于是，王猛然想了想，从身上掏出了一张1美元的钞票，把它撕碎扔掉，随后问守财奴："我把钱撕碎了，你心疼不心疼？"

守财奴吃了一惊，但马上就镇定自若地说："我才不会心疼，你撕的是你的钱，又不是我的钱。如果你愿意，就尽管撕吧！"

王猛然笑了笑，说道："先生，你错了，我撕的不是我的钱，而是你的钱。"

守财奴一听，惊讶不已，问道："这怎么会是我的钱？"

王猛然说："你结婚二十几年了，对吧？"

"是的，不多不少23年。"守财奴说。

王猛然心中窃喜："不说23年，就算20年吧。一年365天，我们就粗略按360天计，使用这个现代烹调设备烧煮食物，一天可节省1美元，那么360天就能节省360美元。也就是说，在过去的20年内，您浪费了7200美元，这不就等于白白撕掉了7200美元吗？"

王猛然盯着守财奴的眼睛，一字一顿地说："难道今后的20年，您还要继续撕掉7200美元吗？"

听到王猛然的话，守财奴想了一会儿，最后还是拿出了298美元。

心智启迪 故事中的王猛然正是抓住了守财奴吝啬的弱点，并把握契机准确地切入"要害"，采用了以退为进、步步为营的策略，最终成功地用1美元换取了298美元，这就是一种智慧的体现。

有人说："智者一生中在和自己不停地打着'太极拳'，利用这种以柔克刚、以退为进的智慧赢得一个绚丽的人生。"人生中的确需要这种出其不意的智慧。每个人的人生都不是一帆风顺的，所以，当你面临各种考验时，如果你可以克服一切艰难，勇于挑战自我，做好人生的加减法，那么，你一定会拥有一个绚丽辉煌的人生。

三幅画

一个法国画商看中了一个印度人从印度带来的三幅具有地域特色的画，印度人开价为三幅220英镑，但法国画商认为这三幅画不值这些钱，他不愿意出这么高的价格。

于是，双方开始讨价还价，谁也不肯多让一点，致使谈判陷入了僵局。此时，印度人当着法国人和在场围观群众的面，一气之下把其中一幅画给烧了。他的这个举动使所有人都惊住了。

法国画商看到这么好的画被烧掉了，感觉非常可惜。过了一会儿，他又一次问印度人："现在，剩下的两幅画卖多少钱？"

印度人气愤地说道："两幅画也是220英镑。"

法国画商要求他再便宜一点,印度人却非常坚持,毫不松口。

两个人又开始争执起来。

后来,印度人心一狠又把剩下的两幅画中的一幅给烧了。印度人的烧画行为让在场的人都不能理解。

法国画商看到印度人连着烧了两幅画,更希望得到最后一幅珍贵的画。

于是,他用恳求的语气对印度人说:"拜托您不要再把最后一幅画给烧掉,剩下这幅画怎么卖?"

印度人看着法国画商紧张的表情,伸出了五个手指在画商的面前晃了晃。

法国画商惊讶不已,却不敢再还价了,唯恐印度人把最后一幅画也烧掉。

最后,法国画商用500英镑买下了画。

 故事中的印度人连续烧掉了两幅画,都是为了在最后一幅画上赚取更多的利润。印度人具有一种以退为进的智慧,即以退让的姿态作为进取的手段。

后退两步的世界

白天上班的时候,张鹏和同事为了一件工作上的事情而争论,最后两人闹得很不愉快。

张鹏回到家里,心情还是没有好转。

吃过晚饭,张鹏照例打开电脑。打开邮件时,张鹏看到同事发过来的一封信。心想:我白天才和他闹翻,他晚上就给我发邮件干什么?有什么事情不能在办公室里说呢?但张鹏还是忍不住打开了邮件。

张鹏轻轻地点击了一下附件,只听见"砰"的一声响,电脑屏幕上出现了一堆什么也看不清的乱码和马赛克,乱码上面还有一片红色。除了这些,别的什么也没有了。

看到电脑上的画面，张鹏又惊又气。惊的是同事给他发来了一封邮件；气的是同事是电脑高手，如果这封邮件有病毒，那就惨了。就在张鹏准备拨打同事电话的时候，在电脑屏幕的右下角突然跳出一行字来："请后退两步，再看这封邮件。"

张鹏一愣，不知道同事到底要做什么。张鹏按照提示后退了两步，却发现刚才看到的那些乱码和马赛克已经变成了清晰的"抱歉"两个字；刚才看到的那片红色，现在变成了一个心形图形。

张鹏终于明白了同事这封邮件的含义：同事是在用心向他道歉！

看到这里，张鹏不由得为自己刚才的莽撞和对同事的误解感到惭愧。张鹏决定给同事写一封回信，也向他表示歉意。

心智启迪　　许多时候，我们常被一些事情蒙蔽，感到生气、不安。此时，千万不要急着往前冲，应该后退两步，也许效果会有所不同。后退两步，并不代表懦弱，它可以让你的视野更开阔，让你把前面的路看得更清楚，让你有时间审时度势，把周围的情况分析得更透彻，从而做出正确的判断。而且，因为后退了两步，许多矛盾便会一下子化解得无影无踪，从而让你拥有海阔天空的心境。

晋　升

王勃是美国某大学的学生，攻读的是计算机专业，几年寒窗苦读后，获得了计算机博士学位。

毕业后，王勃开始在美国找工作，但是让他没有想到的是，凭他的条件竟然没有一家公司录用他。

思前想后，王勃决定放下博士的身份，以最普通的身份去求职。

没过多久，他就在一家公司找到了一个程序员的工作，这对他来说简直就是"高射炮打蚊子"，但为了解决生计问题，他并没有一丝一毫的怠慢，仍是兢兢业业。

一个月后，老板看出他能够看出程序中的问题，这不是一般的程序员

能够做到的。

于是，老板疑惑地问他："小王啊，你怎么对程序这么了解呢？"

王勃笑着把学士学位证书拿给老板。他得到了老板的认可，后来老板给他换了一个与其能力相符的职位。

一段时间后，老板发现他时常能够提出许多独到且很有创意的建议，远比其他同等学历的毕业生优秀。这时，他又亮出了硕士学位证书，于是老板又提拔了他。

又过了一段时间，老板觉得他还是与别人不一样，不是普通的人物，就对他进行"质询"，直到这个时候，王勃才拿出了博士学位证书，老板点了点头说道："原来如此啊……"

最后，老板毫不犹豫地用重金和王勃续签了合约。

心智启迪 我们常说："是金子总会发光的。"我们要学会放低做人的姿态，必要时可以先放低自己的身份、要求、学历……再去寻找机会，让自己慢慢地发光。要知道，适当地退一步往往会让你有更广阔的进步空间。

退一步的天空更美丽

意大利艺术家米开朗琪罗被公认的最伟大的作品，应该是他的大理石雕刻大卫像。可是，当米开朗琪罗刚雕好大卫像的时候，主管这件事的官员跑去看，竟然不满意。

"有什么地方不对吗？"米开朗琪罗问。

"鼻子太大了！"那位官员故意挑刺。

"是吗？"米开朗琪罗站在雕像前看了看，大叫一声，"可不是嘛！鼻子是大了一点，我马上改。"说着就拿起工具爬上梯子，叮叮当当地修起来。

过了一会儿，米开朗琪罗爬下梯子，请那位官员去检查："您看，现在可以了吗？"

官员看了看，高兴地说："是啊！好极了！这样才对啊！"

实际上，米开朗琪罗刚才只是做做样子罢了。从头到尾，他根本没有改动过原来的雕像。

心智启迪 试想一下，如果米开朗琪罗不这样做，而跟那个不懂装懂的官员理论，会有这么好的结果吗？

两方争执，只要有一方先让步，无论是真让还是假让，事情就会变得顺利许多，留三分余地给别人，常能使自己获得更大的空间。

第六章

拼搏创造
——男子汉的"阳刚气"

1. 勇于探索

商人之道

在德雷克海峡的中央，一艘轮船在经过这里时不幸触礁，致使整个船身被淹没。船上的游客惊慌失措，纷纷四散而逃。

庆幸的是，船上的一位推销员和一位商人被海水冲到了一座小岛上，活了下来。

在阳光的照耀下，推销员和商人艰难地睁开双眼，他们发现这是一个孤岛，四周一片荒芜。两个人相互搀扶着坐起身子，各自打开自己箱子里的食物吃起来。

几天过后，商人箱子里的食物全部吃光了，但以推销蛋糕为生的推销员还有满满一箱蛋糕。

于是，商人对推销员说："我想用1美元买你1盒蛋糕，怎么样？"

虽然1盒蛋糕卖1美元已经是很划算的事情了，但是贪婪的推销员并不满足，他认为赚钱的绝佳时机到了，还没有什么时候比现在更容易赚钱。

所以，推销员回答道："那可不行，在这荒郊野岭的，我把吃的都卖给你了，那我怎么办啊？谁知道救援队什么时候来啊。"

商人想了一会儿，说道："那我用5美元买你一盒蛋糕，怎么样？你现在有多少盒，我就买多少盒，你算一算一共多少钱。"

推销员掐着指头算了半天，说："那行，不过你得给我留几盒，救援队指不定什么时候来呢。"

"没问题。"说着,商人从箱子里拿出一沓厚厚的钞票递给了推销员。

又过了几天,救援队还没有到,推销员把仅留下来的那几盒蛋糕也全部吃光了,最后实在忍不住饥饿,对商人说:"我把你的钱给你,你把剩下的蛋糕还给我吧。"

"这可不行,哪有这样做生意的。卖出去的东西就像泼出去的水,是收不回来的。"商人坚定地说道。

这下推销员有点急了:"10美元1盒,总可以了吧?"

最后,商人答应了推销员的请求,以10美元1盒的价格卖给了他几盒。等到救援队来到的时候,商人的蛋糕刚刚吃完,他不仅在荒岛上生存了下来,而且还在原来的成本上赚了一倍,这就是商人之道。

　　机会不会像一个实物那样显而易见地摆在我们面前,它需要我们用心去挖掘、去聆听,并且用行动去创造。

伦克与巴克

伦克和巴克都是太阳帽加工厂的员工,虽然两人在不同的工厂工作,但巧的是,他们在同一天被派往同一个小国家进行考察。这个小国家处于撒哈拉大沙漠附近,气候炎热,而且非常干燥,年降水量几乎为零。

一天早晨,天还没亮,太阳就像一个烘烤的盘子一样遮盖了大地。伦克和巴克特意起了个大早,当他们来到集市时,早已汗流浃背了,望眼欲穿地观察了很久,却没有见到一个人戴太阳帽。

见到这种现状,伦克和巴克表现出了两种截然不同的姿态:伦克垂头丧气地一屁股坐在了地上,而巴克却是满心欢喜地又蹦又跳。

下午时分,伦克和巴克一起来到公用电话亭,分别给自己的老板打了一个电话。

伦克说:"老板,这里气候炎热干燥,街上没有一个人戴太阳帽,我明天就坐航班去别的地方考察一下,看看其他地方有没有人戴太阳帽……"还没有等他说完,电话里就出现了"嘟嘟"的忙音,伦克"喂

喂"了两声，看了看电话，感觉很奇怪，最后无奈地挂上了电话。

巴克说："喂喂，老板啊，我要告诉您一个天大的好消息，我们要发大财了。您知道吗？这里没有一个人戴太阳帽，我将驻留此地大力推广我们厂里的太阳帽，我相信一定可以获取空前的成功，您就等着好消息吧。"老板听后，对他这种勇于探索、敢于创造新契机的精神大为赞赏，高兴地夸奖他："你做得很好……"

心智启迪 故事中的巴克发现了新的契机，他会成为那里第一个大量销售太阳帽的人，定会创造一个奇迹。其实，创造性的开拓者往往用发展的眼光来看待问题，他们成功的关键就在于勇于探索，懂得把握良好的机遇。

动物们的谈话

动物们在院子里谈论各自走错道路的经历。

老牛说："田间的路是迂回曲折的，那些纵横交错的阡陌常常使我绕许多的圈子。"

老马说："我走的路太远，而且往往是没有走过的，不知道走了多少冤枉路。"

猎狗说："深山里几乎谈不上有什么路，前进的时候只顾前进，忘了回头怎么走了。我多次迷失在山谷里，要不是远处山峰的指引，我恐怕都回不来。"

笼中的鹦鹉插嘴道："你们的脑子也太不管用了，连个路也记不住。我还不知道走错路是怎么回事呢！"

"这个我相信。"老马说，"但如果你走出你的笼子，你也许就会有新的体验了……"

 把自己困在笼子里，虽然不会走错路，但也不会欣赏到美丽的风景。少说多做，勇于探索才是我们应该做的。

菜园里的石头

从前，有一户人家的菜园里摆着一颗大石头，宽度大约有40厘米，高度有10厘米。到菜园的人不小心就会踢到那颗大石头，不是跌倒就是擦伤。

一天，儿子问："爸爸，那颗讨厌的石头，为什么不把它挖走呢？"

爸爸回答道："你说的那颗石头啊，从你爷爷时起，就一直放在那里，它的体积那么大，不知道要挖到什么时候，没事无聊挖石头，不如走路小心一点，还可以训练你的反应能力。"

过了几年，这颗大石头留到了下一代，当时的儿子娶了媳妇，当了爸爸。

有一天，媳妇气愤地说："爸爸，菜园的那颗大石头，我越看越不顺眼，改天请人搬走好了。"

爸爸回答说："算了吧！那颗大石头很重的，可以搬走的话在我小时候就搬走了，哪会让它留到现在啊？"

媳妇听后，心里非常不是滋味，那颗大石头不知道让她跌倒多少次了。

十几分钟以后，媳妇用锄头把大石头四周的泥土掘松。媳妇早有心理准备，可能要挖一天吧，但谁都没想到几分钟就把石头挖起来了，看看大小，这颗石头并没有想象得那么大，人们都是被石头巨大的外表给蒙骗了。

心智启迪 其实，阻碍我们去发现、去创造的，往往只是我们心理上的障碍和思想中的顽石。如果你总是用老眼光看待事物，那么永远也不会收获新的硕果。所以，作为一个勇敢的男子汉，要有勇于探索的精神，更要有积极创造的胆量。

2. 打破陈规

换 购

从前，有一个货郎挑着两担大葱从阿拉伯地区越过喜马拉雅山脉，来到了印度的北部地区。

到达目的地后，货郎将篮筐里的大葱分给了当地的村民。当地的村民从来没有见过这么好吃的东西，更没有想到世界上竟然还有如此美味的食物，以为这位货郎是上天带给他们的福星。

于是，当地的村民们摆出最丰厚的宴席盛情款待了这位异乡的来客，并在货郎临行之前送给他满满两编织袋玛瑙。回到家乡的货郎立即成了镇上的焦点人物，人们纷纷前来向这位货郎讨教换回玛瑙的方法。

有个人不禁为之心动，心想："洋葱的味道不是和大葱差不多吗？"于是，这个人便挑了两担洋葱匆匆前往印度北部的那个村子。

到了那个村子，村民们也从来没有见过洋葱，更没有吃过。

所以，村民同样摆出最丰盛的宴席款待了这位客人。这个人的到来着实让这里的村民感动，于是他们绞尽脑汁，为了表达他们的深深谢意，最终决定把他们之前珍藏的一担大葱送给这位来客。

这个人看到那担大葱简直无语了，他摇了摇头，失望地走了。

真正的男子汉要懂得开创，并懂得用开创来维系、经营和壮大自己。切记：墨守成规永远是愚者选用的办法。

"奇怪"的苹果

王先生有一个很聪明的儿子。

有一天,下午放学后,儿子急匆匆地跑到王先生的身边,摇着他的胳膊说:"爸爸,我有一个重大发现。"

"什么发现让你这么激动啊?说给爸爸听听。"王先生好奇地问道。

于是,儿子凑到王先生的耳边小声地说:"苹果里有一颗小'星星',你要小声点,不然就把它吓跑了。"

王先生不以为意,他想一定是儿子又在搞什么小把戏。

儿子跑到厨房,拿着用菜刀切开的苹果走到王先生的面前,指着切开的苹果自豪地说:"爸爸,你看,里面这些漂亮的'星星'!"

王先生看了看儿子切开的苹果,心中不禁惊喜。原来,儿子并不是按照我们平常从苹果顶部竖着切到底部的方法,而是横着拦腰把苹果切开的。

"我的儿子好聪明啊……"王先生抚摸着儿子的头说道。

这个故事提醒我们不要拘泥于成规,不可依赖习惯,更提醒我们要创造性地去发现事物的另外一面,因为只有这样才能收获精彩的人生。

科技馆扭亏为盈的秘密

有一家刚开业的科技馆,由于地处城市边缘,交通又很不便,导致科技馆的生意萧条,门庭冷落。一年过去了,经理统计了一下,来参观的人数加起来还不足1000,真是入不敷出,亏损非常严重,这让经理无比苦恼。

有一天,一位前来参观的小伙子看了这里的科技展览后,找到经理说:"我知道您这里为什么如此萧条,而且我有一个解决这个问题的办法,不知您愿不愿意试一试呢?"

这位经理用疑惑的目光看着面前这个自信的小伙子。

小伙子看到经理的表情,似乎看穿了他的怀疑,于是,又接着坚定地说道:"如果您能够按照我的方法做,一个月后就能改变这种萧条的景象。"

经理看小伙子如此自信,就决定用他的方法试一试。

一个月后,确实初见效果,来这里参观的人越来越多。

三个月后,科技馆扭亏为盈。

一年之后,科技馆的生意就变得红火起来。

原来,这位聪明的小伙子的方法就是:帮这家科技馆打了一条四个字的广告——儿童免费。

心智启迪 故事中的小伙子创造了一个新的吸引顾客的方法:不赚儿童的钱,而只赚大人的钱。在这个想法的基础上再制定相应的营销策略,最终收获的效果就是扭转了亏损的局面,并实现盈利。可见,只要你能够摒弃固有的老套路,创造一种新的、符合时局要求的方式,就会赢得满堂喝彩!

小游戏中的大智慧

有一天,王晓亮的妻子外出办事,儿子没有人照料,无奈之下,王晓亮便带着儿子去一家咖啡馆与人谈生意。

可是,让王晓亮心烦的是,到了咖啡馆以后,儿子显得异常兴奋,跑来跑去不得消停。

王晓亮不堪其扰,为了不影响谈生意,他顺手从旁边的书架上拿下来一本杂志,看见底页是一幅世界地图,便随手将其撕下,并撕碎递给儿子,说:"如果你把这张地图拼好了,爸爸就陪你玩。"

几分钟后,儿子就将一张拼好的地图呈现在了王晓亮的面前,开心地说道:"爸爸,爸爸,你看,我拼好了,这回你该陪我玩了吧。"

王晓亮简直不敢相信,儿子能够在这么短的时间里拼好地图,他瞪大了眼睛看了看，儿子确实将地图拼好了，而且很完整。

王晓亮惊讶地问道："这么快，你是怎么拼的？"

儿子眨了眨眼睛，歪着头，指着地图说："这幅地图的另外一面是一个人的头像，我是反过来拼的，只要把这个人的头像拼好了，地图不就拼好了吗？"

王晓亮若有所思，笑了笑说："儿子，谢谢你啊，爸爸对今天的生意有十足的把握了，一会儿谈成了生意，爸爸带你去游乐园……"

心智启迪 当一些事物总是一成不变的时候，等待的结果就是信心消失殆尽和枯竭至死。所以，我们要时时刻刻变换自己的思维，更新解决问题的方法，才能有机会创造奇迹。

小男孩的答案

英国某家报纸曾举办一项高额奖金的有奖征答活动。

题目是：在一个充气不足的热气球上，载着三位关系世界兴亡命运的科学家，即：环保专家，他的研究可使无数人免于因环境污染而面临死亡的厄运；粮食专家，他能运用专业知识在不毛之地成功地种植食物，使几千万人脱离因饥荒而亡的命运；核子专家，他有能力防止全球性的核子战争，使地球免于遭受灭亡的绝境。此刻热气球即将坠毁，必须丢出一个人以减轻载重，使其余的两人得以存活，请问该丢下哪一位科学家？

问题刊出之后，因为奖金数额巨大，信件如雪片般飞来。

在这些信中，每个人皆竭尽所能，有的认为核子专家重要，有的认为环保专家重要，有的则认为粮食专家重要，众说纷纭。大家天马行空地阐述他们认为必须丢下哪位科学家的宏观见解，并把理由叙述得有条有理。

最后，令所有人大为不解的是，答案揭晓时，巨额奖金的得主居然是一个小男孩。

这位聪明的小男孩给出的答案是——将最胖的那位科学家丢出去即可。

小男神养成记

心智启迪　俗话说："死水怕勺舀。"当一桶水被没有节制地饮用，而不定时定量地去更新并添满，那么这桶水终有一天会见底。所以，我们只有改变思维上的古板模式，并对现有的"资源条件"仔细地观察和思考，才能够创造出一种最佳的解决方案。

一辈子就为出一次彩

1924年，一个新生命诞生在美国犹他州，仿佛是天性使然，他从小就厌倦学校和教会带给自己的束缚，拒不接受传统思想。

14岁时，他很想去工作，可年龄又不够，于是他伪造洗礼证书，宣称自己已满16岁，进了一家罐头厂干起了倒污水的工作，又先后做过乳牛场伙计、搬运工、屠宰厂工人、农场农药喷洒工……

身边的亲人都说他太叛逆，将来很难成才，对他不抱什么希望。他27岁时，一家消费金融公司给了他一个正当工作的机会。

可是他依然不放弃，在他的影响下，几个平均年龄只有20来岁的年轻人跟随他一起干，他们的努力产生了很好的效果，公司的业绩奇迹般高速增长，但公司思想保守的领导层最终还是容不下他。不到一年，他就被逐出了公司。

后来，他流浪到了西雅图市。一次偶然的机会他进入一家金融集团，干起了主持筹办消费者借贷业务的行当。

久而久之，他不守规矩的本性又渐渐显露出来，在那个保守风气盛行的年代，他破除陈规，改革创新组织与管理的努力再一次流产了。

36岁那年，已是3个孩子父亲的他生活十分窘迫，走投无路时不得已敲开了美国国家商业银行的门，当了一名实习生，所干的工作与勤杂工差不多，近40岁了经常被各部门调来调去，任人差遣和使唤。

1967年，43岁的他赢得了生命中的一次转机。美国国家商业银行开发信用卡业务，他争取到了一个协助工作的角色，并获得了银行高层的支持。

凭借30多年来对创新组织与管理的向往与实践，经过近两年的积极探索，他终于成功了。

在当时没有互联网的条件下，他开发出一套"价值交换"的全球系统，并借此创建了一个组织——VISA（维萨）国际，并在以后的22年里，成为奥林匹克运动会的铁杆赞助商。

他就是维萨信用卡网络公司创始人、"混序联盟"的创始人及CEO——迪伊·霍克。

如今，维萨的营业额是沃尔玛的10倍，市场价值是通用电气的两倍，成了全球最大的商业公司，世界上超过1/6的人口都是它的客户。

心智启迪 迪伊·霍克，这位几十年抱着信念挣扎在人生底层的超常思维大师，耗尽他大半生的时光，终于为他平凡的生命画出了一道世上最绚丽的弧。他独特的创业管理理念激励着一批批青年走向成功，而这一切都有赖于他勇于一次又一次打破陈规的精神，这是最值得我们学习的。

3. 审时度势

被铁链套住的猩猩

动物园的馆长新接收了三只猩猩,这是一个"三口之家"。

可是,那只小猩猩刚被带到陌生的环境里时,有点受惊,整天大声叫嚷,弄得"邻里之间"不得安宁。为了阻止这只小猩猩乱跑乱叫,管理员便将这只小猩猩的脚用一条细小的锁链绑在了栅栏的栏杆上。

小猩猩刚开始很不适应,挣脱了好几次都没有成功,只好每天在栏杆旁边来回打转,闷闷不乐地看着爸爸妈妈在自己的面前玩耍。后来,小猩猩好像对这种被捆绑的生活习以为常了,它不再去挣脱那条铁链,不再大吼大叫,而是乖乖地坐在地上,快乐地和离它不远的爸爸妈妈玩耍。

小猩猩心想:也许,生活就是这个样子吧。慢慢地,小猩猩从一只瘦小的猩猩长成了一只强壮的大猩猩,以它现在的身板,如果想挣脱那条细小的锁链简直是易如反掌。

可惜的是,这只长大了的猩猩只是一味地让那条细小的锁链捆绑着自己庞大的身躯,它已经失去摆脱的意识了,也不去想摆脱这条铁链后的生活会是什么样。

所以,这只猩猩就这样终身与铁链为伴了。

心智启迪　如果你总是遵循老旧的规律,而不去尝试突破创新的话,那只会一直停滞不前。就像故事中的那只被铁链套住的

猩猩一样，永远也不知道自己是否会离开那把枷锁。

战争年代富有的化妆师

第二次世界大战爆发时期，位于法国南部的一家剧院也面临闭门歇业的危险。

一天，天气非常寒冷，知道剧院解散消息的化妆师一个人垂头丧气地走在一条萧条凄凉的街道上。突然，一个年轻的乞丐拽住了化妆师的裤脚说："先生，请接受我最诚挚的祝福，赏我两个小钱吧，我只需一杯牛奶和一个面包而已，求您了。"

化妆师在这样窘迫的时刻听到这话，有点愤怒。正当他要拒绝乞丐走掉的时候，他突然发现这个年轻的乞丐虽然少了一只胳膊，但是，他的脸色很红润，衣着也很整齐。这让化妆师有点百思不得其解：为什么在这么紧张的局势中，乞丐会是这个样子呢？

化妆师对乞丐说："亲爱的先生，您看起来好像比我的状况还要好，这样吧，你现在跟我回家，我可以让您的饭碗稳而满。"

到家后，化妆师拿出了自己的化妆盒，开始在乞丐的脸上"工作"，一会儿工夫，只见一个头发蓬乱，衣服肮脏破烂的乞丐站在那里，化妆师看了看他，满意地点了点头，说道："这才是真正的乞丐，也更容易博得人们的同情。"

化妆师接着问道："昨天您赚了多少？"

"2法郎。"乞丐不好意思地说道。

"那好，以后您就有好日子过了。"化妆师胸有成竹地说道。

第二天晚上，乞丐再次回到了化妆师的家里，他从裤兜里拿出硬币，一枚一枚地数着："天哪，亲爱的化妆师，这个办法简直太有效了，我简直不敢相信自己的眼睛，17，18，19，20，我简直太高兴了，一天就赚到了20法郎，是我昨天的10倍啊，看来我们要发大财了。"

从那以后，有很多没有"效益"的乞丐都纷纷慕名而来，在化妆师的精心装扮下，这些乞丐都在艰难的二战时期存活了下来。

不仅如此，化妆师由于向每个来求助的乞丐都收取5法郎的化妆费，所以他在那个枪林弹雨的世界里成了富有的人。

心智启迪 一个人要想获取成功，就必须具备眼观六路、耳听八方、审时度势、当机立断、主动出击的本领。

双赢的秘密

北宋时期，在一个北方的小城里，有一条名扬内外的兵器一条街，以打造各种名优兵器而闻名。

在这条兵器一条街上，有两家出售高粱酒的铺子生意格外红火：一个是李家，一个是张家。有一件困扰他们的事情，就是他们每天都要从很远的村庄里购买高粱，这样既浪费了很大人力、马力，又浪费了很多时间。

久而久之，面对这样的难题，两家老板都很苦恼。

有一天，两家老板在闲聊的过程中，说到了这个困扰他们已久的烦心事。

两个人聊着聊着，李家老板突发奇想地说道："我们两家都是以高粱酒为生，虽然生意很好，不过，像这样每天跑十几里路去购买新鲜高粱也不是长久之计啊，而且两个人赚大家的钱，总比不上一个人赚大家的钱划算吧。"

张家老板听了这番话，陷入了深思。

李家老板看对方没有作答，停了一下，接着说道："不如这样吧，我们有一家改开出售高粱等五谷的杂粮店，而另外一家仍开酿酒店，但是酿酒店中所有原料都必须从这家五谷杂粮店里购进，怎么样？这样一来，我们不仅可以降低酿酒的成本，又可以占据这条街道上的五谷杂粮市场，来一个双赢不是更好吗？"

张家老板听到这样的建议，立即表示赞同。

于是，两人按此计划着手各自开店。

一个月后，他们两家都收获了比以前更加可观的利润。

心智启迪 有很多人都认为只有当天时、地利、人和三个条件都具备的时候才有可能获得成功,但是那些真正有智慧的人会在不利于自己的条件下去勇敢地创造对自己有利的条件,最终获取成功。所以,当我们困顿在不知所措中的时候,应该冷静下来,仔细地思考一下,找到事情的症结所在,从当下的既得利益着手,去创造一种新的条件、新的心态、新的解决方案。只有以创造去顺应局势的发展,才能够看到成功的曙光。

4. 适时分析

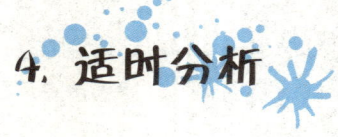

聪明的吉米

在美国得克萨斯州的一个小城，一个很富有的商人在库房囤积货物时，不慎将自己的一只名贵手表遗失在了库房内，可是费了很大的力气都没有找到。于是他便召集在库房附近玩耍的孩子们帮忙寻找，并许下诺言，谁能找到那只手表，谁就会得到5美元的奖励。

孩子们一听有5美元的奖励，纷纷乐此不疲地在库房内寻找手表，有的蹲下身子找，有的趴下来找，有的干脆到房梁上去找，可是，只有吉米站在一边，优哉游哉地拿着一只小虫子在玩。

伙伴们就纳闷了："吉米，你怎么不找啊，难道你不想获得那5美元的奖励吗？"

吉米说："不急不急，你们先找着，我最后一个找。"

要想找到手表并不容易，没过多久，其他孩子都失去了兴致，垂头丧气地离开了。

这时，天色已晚，整个库房里面一片寂静。吉米虽然有点害怕，但他还是没有要走的意思。

吉米从椅子上站起身，静静地听，突然听到从一个装有货物的木箱子底下发出"嘀嗒，嘀嗒"的响声，吉米喜出望外，沿着声源径直走去，直接在木箱底下发现了商人要找的手表。

第二天，吉米把表交给商人，笑着接过了5美元。

心智启迪 生活中，我们常会遇到棘手的问题，这时应该根据事情的来龙去脉仔细地分析它、观察它、研究它，最后对症下药，找出最能节省时间、最能提高效率的办法去解决问题。

奇特的减肥方法

一天，一个胖子从朋友那里听说有一个很特殊的减肥中心，据说去那里减肥的人都收到了非常理想的效果。于是，这个胖子便慕名前往那个减肥中心，准备做最后一搏，希望能够减肥成功。

但是，令他费解的是，减肥中心的负责人并没有指点他如何减肥，而是记下了他的地址，让他回家等消息。

第二天清晨，胖子家的门铃响了，胖子把门打开，只见一个美丽女子站在门口。

美丽女子柔声细语地对他说："我是昨天你咨询的那个减肥中心的私人顾问，我们负责人说了，只要你能追得上我，我就嫁给你。"说罢，便飞奔离去。

胖子愣了一下，他第一次知道世上会有这样的好事，于是，他便立即关门追赶。

接下来的几个月里，美丽女子每天都会准时按响胖子家的门铃。

就这样，一连跑了几个月，胖子确实成功地瘦下来了，但他并不知道这是在减肥，只是一心想要把美丽女子追到手。

**心智启迪** 每一个难题都有相应的解决方法，你善于创造，勇于创新，就一定会很快地找到解决难题的绝佳途径。

机智的将军

克森是一位参加越战归来的将军，为了安享晚年，他选择了一个美国

南方离市中心比较远的乡村居住，那里草木茂盛、优雅安静，是个修身养性、安居的好地方。

不久，这种舒服的日子被一阵嘈杂的声音给打破了，因为在克森将军家屋后的一块废弃的草坪上来了一些中学生，他们每天都在草坪上踢足球。

克森将军心里实在无法忍受，但他却站在窗口笑着对那些中学生说："亲爱的孩子们，我非常喜欢看你们踢足球，而且，我也是一个球迷，我特别喜欢看贝利踢球。以后你们每天都来这里踢球吧，我每次给你们10美元，如何？"

这些中学生听到每天有10美元可拿，就更加玩弄起脚下的功夫来，一会儿过人，一会儿铲球，时常变换着花样来踢。

突然有一天，克森将军对中学生说："亲爱的孩子们，天公不作美呀，今年北方干旱，收入微薄，以后我每看一场球，就给你们5美元吧。"

中学生们听到后有点失落，但还是坚持每天来踢球。

可是又有一天，克森将军站在窗口，难过地说："亲爱的孩子们，真的很抱歉，昨天我的家里来了小偷，全部的积蓄都被偷走了，以后我只能给你们1美元了。"

这些中学生听到这话，纷纷捡起地上的衣服，抱着足球离开了。

临走之前，其中一个学生还不忘对克森将军说："想得美，哪里有这么廉价的演出啊？"

从那天开始，中学生们就再也没有来过这里。

心智启迪 故事中的克森将军并没有直接用愤怒的态度面对问题，而是用以柔克刚、欲擒故纵的方法低调地"赶"走了那些调皮捣蛋的中学生。可见，有时候正面的冲突不一定能解决问题，甚至会适得其反，得不偿失。如果你能够善于分析实际情况，重新选择一种解决问题的办法，说不定问题就可以迎刃而解了。

商人的智慧

20世纪初期，位于美国北部的一个小镇的居民非常渴望在这里修建一家砖砌的银行，这将是小镇上的第一家银行。于是，镇长买好了地，而且备好了建筑图纸，万事俱备，只差砖还没有着落。

但是，让所有人担心的是，从盐湖城用火车运砖，一包砖每磅要2.6美元。这个昂贵的价格会断送掉一切，因为没有足够的砖，就修建不了银行。就在镇长和居民都一筹莫展时，小镇里的一位商人开始以一个全新的角度来考虑这个问题。他想出了一个再简单不过的主意——邮寄砖。

原来，包裹砖每磅1.3美元，这比用火车运送降低了一半的价钱。

实际上，不仅是价格降低了一半，而且邮寄过来的砖和用火车货运过来的砖是同一班列车运送，只是货运和邮递之间的价格差异使整个情况完全不同了。

一个月之内，邮寄的包裹如同洪水般涌入小镇。每个包裹7块砖，刚好可以不超重。

如此一来，镇上的居民很骄傲地拥有了他们的第一家银行。

心智启迪 当你遇到难题时，不要盲目地急着去解决，更不要一味地去蛮干，而是要分析实际情况，找出问题的突破口，再找出最恰当的方法，这样才能更好地解决问题。

5. 善于创造

肥皂的起源

　　一天,一个餐饮业老板要在自己的餐饮店里设宴招待宾朋,他吩咐员工告诉厨子们要好好做一席丰盛的菜肴,千万不能出一点差错,否则将会严厉惩罚他们。当然,如果做得好的话,将会大大有赏。

　　于是,厨子和帮工们都特别卖力,希望能够得到老板的奖赏。

　　有一个16岁左右的小帮工,刚刚来店里不久,就被分派到厨房里打下手,他知道今天是老板请客后,显得有些紧张,进进出出跟在师傅后面忙里忙外的,丝毫不敢怠慢。

　　正当小帮工忙得不可开交的时候,突然听到有一个厨师在厨房里大叫:"没有油了,快点拿油来!"

　　小帮工急忙停下手里的活,跑着去柜子上取油,也许是他有点着急,粗心大意了,也许是那个油碗比较滑的缘故,只听"啪"的一声,那个盛满油的碗掉在了灶台边上的炭灰里。

　　一瞬间,油和炭灰混在了一起,小帮工知道自己闯了祸,吓得呆住了,张着大嘴不知该怎么办。

　　这时,见到此状的师傅不作声地走了过来,小声对小帮工说:"没关系,没人看见,赶快把油碗丢到垃圾箱里,再把这堆炭灰清理掉,最后记得把手洗一下。"

　　小帮工点了点头,一声不响地按照师傅的话一一去做。当他洗手的时候，他发现手上竟然出现了一些白花花的小泡沫，他感觉很奇怪，把手继续放在水龙头下冲了一会儿。结果他发现，当水冲掉手上的那些白色泡沫以后，他的手从以前的暗黑油腻一下子变得干净嫩白。

小帮工看到这个惊人的现象，兴奋地跑去告诉了他的师傅，师傅仔细地看了看他的手，同样非常惊讶：以往厨子们的手都是油腻腻的，从来都洗不干净，但是，小帮工的手清爽无比，一点也不油腻，还泛着白光，太不可思议了。

这件事情慢慢地传开了，大家都用这个办法洗手洗脸，不过当时没有人知道其中的奥秘。

后来，有位科学家发现了其中的原理，发明了第一块肥皂。

心智启迪 头脑不使用会老化，越使用越灵活。所以，你要对世界上的事物关心并注意观察，然后把灵机一动所想出的东西，试着构思出自己的方案吧。

方便面的诞生史

由于事业失败，日籍台湾人安腾百福的全部财产荡然无存，不过，他并没有因此丧失信心，而是时刻准备东山再起，兴办新的事业。

一天，他在大街上无聊地走着，突然脑海中浮现出了战后黑市的货摊边，人们为了买一碗热气腾腾的拉面而排成长蛇形的队伍的情形。同时，他又想到了人们在寒风中吃完面条后脸上露出幸福的表情。

安腾百福想到这种现状，立即又想：虽然日本人十分爱惜时间，却舍得花费时间排队吃面条。不仅如此，做面条又浪费时间，为什么不能让它更简单方便一点呢？

安腾百福便根据实际情况设定了五个条件——简便、可口营养、卫生、物美价廉、在常温下能长期存放。

说干就干，安腾百福根据这五个设定条件，开始了自己的潜心观察和制作，但事情没有他想象得那么简单，做出的结果并不符合这五个条件，正当准备放弃的时候，他突然看到了饭桌上放着的油炸食品，豁然开朗的他想到经过油炸的食品都可以干燥存放。

于是，一种制造方便面的基本技术——油热干燥法诞生于世。

安腾百福通过不懈的研究和创造，终于在1958年8月25日那天，将第一批方便面引入市场。

心智启迪 虽然我们没有办法预知，在无意中发现并且创造出来的东西今后会不会成为一项重大的创举，但是，只要我们平时注意培养自己仔细观察生活、热爱生活的习惯，也许奇迹就会在某一天出现在你身边。

第一架飞机

小莱特三岁时，哥哥大莱特六岁。

在一个阳光明媚的午后，小莱特和大莱特在庄园里玩耍。小莱特指着在天空自由翱翔的小鸟说："哥哥，你知道小鸟为什么能飞在天上吗？"

"因为小鸟是站在树上起飞的，所以才能飞起来。"哥哥一边拍皮球，一边回答道。

小莱特好奇地追问："那为什么人就飞不起来呢？"

大莱特不耐烦地说："因为人是站在地上的，当然飞不起来了。"

小莱特点了点头说："哦，原来是这样啊。"

过了几天，莱特兄弟就找到了离家较远的一棵大树，他们费了九牛二虎之力才爬到了树上。

随后，兄弟俩满心欢喜地"嗖"的一声，从树上跳了一个抛物线的形状，又"扑通"一声狠狠地摔在了地上，幸好没有生命危险，只是昏了过去，后来被经过的邻居看到后迅速送到了医院。

得知消息后的父母急匆匆地赶到医院看望他们时，惊讶地问："你们为什么要从树上跳下来呢？"

兄弟俩就把这件事情的来龙去脉告诉了自己的父母。

父母听后笑着对他们说:"傻孩子,人飞不起来啊,那是有很多方面原因的,比如说体重啊、翅膀啊等等。"

正是因为有了这些经历,莱特兄弟在长大后才更加坚定了制造飞机的梦想。

很多年以后,第一架飞机从他们的手上飞了起来。

心智启迪 我们习惯站在地面上仰望从头顶飞过的飞机,痴迷地看着蓝天上飞机滑过的美丽痕迹,但是,又有多少人知道实现飞机在天空中飞翔的理想,是来自一对叫作莱特兄弟不经意的一次谈话和玩耍呢?

其实,在生活中时时刻刻都会出现奇迹,只是我们混沌的眼睛看不到,生锈的大脑想不到而已。所以,我们平时就要注意观察生活,用一种探索的精神去开创一切。因为只有懂得开创,你才会比别人先抢占有利时机,开创后的果实和意外收获也会给你带来惊喜。

一粒米

一个16岁的男孩,由于家境贫寒读不起书,被迫从老家来到嘉义开了一家米店。

当时,小小的嘉义已有近30家米店,竞争非常激烈。

仅有200元资金的男孩只能在一条偏僻的巷子里承租一个很小的铺面。他的米店开办最晚,规模最小,更谈不上知名度了,没有任何优势。在新开张的那段日子里,生意冷冷清清。

无奈之下,他只有背着米挨家挨户去推销,但一天下来,成绩并不好。

后来,他决定从每一粒米上打开突破口。那时候的台湾,农民还处在手工作业状态,由于稻谷收割与加工的技术落后,很多小石子之类的杂物很容易掺杂在米里。人们在做饭之前,都要淘好几遍米,很不方便。这在人们的眼中早已是再平常不过的事情了。

然而，他却从这司空见惯中找到了切入点。

于是，他和两个弟弟一齐动手，一点一点地将夹杂在米里的秕糠、沙石之类的杂物捡出来，然后再卖。

一段时间过后，小镇上的人们都说他卖的米质量好，省去了淘米的麻烦。这样一来，有了良好的口碑为他做免费宣传，他米店的生意日渐红火起来。

但他并没有就此满足，他还要在米上下大功夫。那时候，顾客都是上门买米，自己运回家。这对年轻人来说不算什么，但对一些上了年纪的人，就是一个大大的不便了。而年轻人又无暇顾及家务，买米的顾客以老年人居多。

他注意到这一细节，于是主动送米上门。他开创了"送货上门"的先河。

久而久之，他的这种精细、务实的服务精神，在小镇上便家喻户晓。

有了知名度后，他的生意更加红火起来。

一年半后，他便自己办了个碾米厂，在最繁华热闹的临街处租了一处比原来大好几倍的房子，临街做铺面，里间做碾米厂。

就这样，他从小小的米店生意开始了他后来问鼎台湾首富的事业。他就是台湾无人不晓的首富——王永庆。

心智启迪 王永庆成功的例子说明，不要以为创造就非得轰轰烈烈、惊天动地，把一粒米这样细小的工作做好同样也是一种创造。所以，如果你善于观察身边的事物，勤于思考，清楚一个时代最缺少什么、人们最需要什么，并有信心把握时代大局的话，那就勇敢地朝着那个方向去创造吧！

可乐之父

大约一百年前的一天，一个年老的乡下医生驾马车到了一个镇上，把马拴住，一声不响地从后门溜进一家药房，和药房一位年轻的药剂师静静地做一单生意。

在药品柜后面，这位老医生和药剂师谈了足足一个多钟头。

后来，老医生离开了，年轻人跟着医生走向二轮轻便单座的马车，带回来一个老式的铜壶，一片木质橹状的大木板（用来搅动壶里的东西），把它放在商品的后面。年轻人检查那只铜壶后，手伸入贴身的袋子里，取了一卷钞票交给老医生，这卷钞票是年轻人全部的积蓄，总共是500美元。

老医生交给年轻人一张写着秘密方程式的小纸张。

铜壶里面有一种可以令人生津解渴的饮料，而它的制造方法就写在老医生交给年轻人的那一张纸上面。年轻人对老医生的创意有极大的信心，知道这种饮料可以成为受人欢迎的产品，于是他倾其一生的积蓄，将这个创意买了下来。

不久，年轻的药剂师运用他的想象，将一种秘密成分加进这古老的铜壶所盛的饮料里，他这一个创意，令铜壶里的饮品甘美无比，且难以模仿。

这个铜壶里的饮料，经过加入年轻药剂师的秘密配方，就成了今天大受欢迎的可口可乐。

心智启迪 日新月异的科学技术是创造的结果，而创造则是人类心理发展的最高成就，是精神的最高标志，它在人类活动中，是最有力量、最有希望、最有价值的思维活动。成为创造性的人才，无疑是当今有识之士所向往的目标，当然也是想要致富者的必修课。

聪明的装修工

一家规模不大的建筑公司职工在为一栋新楼安装电线。

在一处地方，他们要把电线穿过一根10米长、但直径只有3厘米的管道，而且管道是砌在砖石里的，并且弯了4个弯。

他们开始感到束手无策，显然，用常规方法很难完成任务。

后来，一位爱动脑筋的装修工想出了一个非常新颖的主意：他到市场

上买来两只白老鼠，一公一母。然后，他把一根线绑在公鼠身上，并把它放在管子的一端。另一名工作人员则把那只母老鼠放到管子的另一端，并轻轻地捏它，让它发出吱吱的叫声。公鼠听到母老鼠的叫声，便沿着管子跑去救它。它沿着管子跑，身后的那根线也被拖着跑。

因此，工人们就很容易地把那根线的一端和电线连在了一起。

就这样，穿电线的难题顺利得到解决。这位爱动脑筋的装修工也因为善于创新得到上级嘉奖，并被委以重任。

心智启迪　　如今的社会竞争尤其是商家之间的竞争越来越激烈，有时一个突破常规的好主意就能产生异乎寻常的效果。不要小看自己的想法，因为"人人都是创造者"，是否能够发挥出创造性是成功者与平庸者的分水岭。

第七章

创新思维
——男子汉的"方向盘"

1. 居安思危

战争中富有的商人

罗马帝国时期，由于连年战争，百姓生活困苦，许多做生意的人都受到了大环境的迫害，经济上蒙受了巨大的损失。

可是，有一位商人却在那次浩劫中大赚了一笔，因为他在战争刚刚开始的时候就分析到：战争期间，物资肯定奇缺。如果战争结束了，经济也很难在短时间内得到恢复，等待人们的将是一场饥荒。

所以，这位商人通过多方打听得知，北城邦药材短缺，但粮食充足。北城邦一直用高价从邻国购买药材，而且减免税收；而南城邦却恰恰相反，粮食短缺，但药材充足。聪慧的商人得知这个信息后，立即前往邻国购买了大量的粮食，随后冒着生命危险去南城邦高价出售了这批粮食。

接着，他又以超低的价格收购了大量的药材，再将这批药材用高价出售给了北城邦。

就这样，聪明的商人不仅让自己免受了战争带来的损失，而且为自己积累了财富。

 如果你具备一种"防患于未然"的智慧，那么你就可以让自己在不利的情况下，仍然处于安全的境地。

锅里的青蛙

捕蛙人把捕来的青蛙扔到一口装满水的大锅里，青蛙以为又回到了它日思夜想的池溏，它伸了伸腿，活动活动筋骨，感到很舒服。捕蛙人在大锅底下点燃了柴火，大火熊熊燃烧起来。

青蛙此时已经在锅里游了几圈，才发现自己原来在一口锅里。水面离锅沿很近，以青蛙的跳高技术，跳出去易如反掌。但是，水温渐渐升高，青蛙浮在里面感觉好极了，它懒懒地想着过一会儿再跳。水越来越热，但青蛙并没有发觉，等它感到水有些烫的时候，它的四肢已经软得一点力气也没有了。水烧开了，一只青蛙沉到了水底。

心智启迪 人应该未雨绸缪，居安思危，这样在危险突然降临时才不至于手忙脚乱。安乐的生活容易使人对隐藏的危险掉以轻心，甚至丢了性命。

老虎和狮子

森林里的所有动物都赶来参加一场盛大的聚会，它们聚在一起说着、笑着、跳着、玩着。

但是，有一只老虎独自躺在一边，嘴里叼着一根牙签，慵懒地磨着牙齿。它的这些举动被一只精明的狮子看到了。

狮子跑过去吃惊地对老虎说道："我们大家都在玩乐，你怎么在这边躺着啊？"

这只老虎抬头看了看狮子，没有回应，继续磨牙齿。

狮子见到老虎毫不在乎的样子，大声地喊道："天气这么好，为什么不加入我们的聚会呢？"

老虎依然不理不睬，伸了伸懒腰，转了个身，继续磨牙。

狮子终于按捺不住怒火，说："现在这里很安全，猎人已经回家了，

你还有什么可怕的?"

老虎听到这些话,猛地坐起身来,把嘴里的牙签吐到地上:"如果哪天我被猎人持枪追逐,你会来救我吗?到时现磨牙就来不及了!"

狮子吃了一惊,自认没理,无奈地撂下一句:"不和你说了!"说罢,就走了。

心智启迪 聪明的人会懂得居安思危,思则有备。他们总是提前准备好一切,到了真正面临困境的那一天,不至于手忙脚乱。

2. 创新能力

灵 感

20世纪50年代，伊夫·黎雪从一位医师那里得到了一种乳霜制作秘方。这个秘方令他产生了一种奇特的灵感，他根据这个药方研制出一种植物香脂，并开始挨门挨户地去推销这种产品。

有一天，洛列灵机一动，他在《这儿是巴黎》杂志上刊登了一则商品广告，且附上了邮购优惠单。这一大胆尝试让黎雪获得了意想不到的成功，当他的朋友还在为巨额广告投资惴惴不安时，他的产品已经在巴黎畅销起来。

当时，人们认为用植物和花卉制造的美容品毫无前景，几乎没有人愿意在这方面投入资金，而黎雪反其道而行之，对此产生了一种奇特的迷恋之情。

后来，黎雪开始小批量地生产美容霜，他独创的邮购销售方式又让他获得了巨大的成功。在极短的时间内，黎雪通过这种销售方式，顺利地推销了70多万瓶美容品。

1969年，黎雪创办了他的第一家工厂，并在巴黎奥斯曼大道开设了他的第一家品牌专卖店，开始大量生产和销售美容品。

1985年，他在全世界已拥有960家分号。公司的销售额和利润增长了30％，营业额超过了25亿，国外的销售额超过了法国境内的销售额。

如今，伊夫·黎雪已经拥有400余种美容系列产品和800万名忠实的顾客。

心智启迪 罗丹说:"真正的艺术大师用自己的眼睛去看别人看过的东西,在别人司空见惯的东西上能够发现出美来。"这就说明了创新思维的重要性。只要你尊重灵感,善于创新,敢于冒险,就能使自己不断进步。就像伊夫·黎雪那样敢于将灵感转变成走向成功的突破口和契机。

把帽子摘掉

北欧国家受地理环境的影响,常年都很寒冷。所以,当地的许多居民不管到哪里都戴着帽子,就是在看电影的时候也不会把帽子摘掉。

一天,电影散场后,有位观众向电影院经理建议道:"请影院发条公告,请观众在看电影的时候把帽子摘掉,否则会挡住后面观众的视线,这实在让人无法接受。"

"先生,很抱歉,这恐怕不太妥当。戴帽子是观众的自由,我们没有权利干涉啊。"经理摇了摇头说道。

听了经理的话,这位观众有些愤怒,但他没有说什么,失望地走开了。

第二天,这位观众再次来看电影时,在电影放映之前,大荧幕上却出现了一则通告:为了照顾老弱病残的观众,允许他们照常戴帽子,在放映电影时不必摘下。

结果,这位观众看到,所有人都把帽子摘了下来……

心智启迪 一切成就、一切财富,都源于创造的理念。它是一切财富的起源,它是想象力的产品。在这则故事里,经理利用人们怕别人说自己是老弱病残的心理,巧妙地将问题解决了。可见,想要很好地解决问题,就要勇于创新,而想要创新必须先有创新思维。如果说创新是火车,那创新思维就是推动火车前进的动力系统。

莱克和狱警

三个月前，莱克因偷盗被关进了墨西哥西区第1026号监狱。

自从他入狱，总有个狱警在门口吸烟，这对一贯喜好抽烟的他来说，简直是一种精神折磨。

这一天，晴空万里，天气很不错。通过一扇狭小的窗户，莱克看到站在门口的狱警正在吸烟。

莱克看着弥漫在空中的烟雾，再也控制不住自己对香烟的渴望，于是他从地上站起身，敲敲窗户。

"什么事？"狱警转过身面无表情地问道。

"尊敬的先生，您的香烟闻起来很好，可不可以让我吸一下呢？"莱克说。

狱警用轻蔑的眼神瞟了一眼莱克，傲慢地走到一边，哼起了小曲。

莱克心想：不能就这样放弃了。于是，他再一次敲敲窗户。

"你又有什么事？"狱警走到窗户前不耐烦地问道。

"请立即给我一支香烟！否则我将用头撞击墙壁，直到鲜血淋漓。如果监狱长问起缘由，我会说这是你干的，是你想报复我。你知道监狱长是不会相信我的，但会一次次出席听证会，永无休止地向所有官员证明你的清白，如此一来，难免会给你带来巨大的负面影响。造成这些严重的后果，仅仅是因为一支香烟，请你仔细想一想，这样值得吗？"莱克用威胁的口气说道。

狱警听了这番话，立即从窗户递给了莱克一支香烟，并为他点了火。

心智启迪 故事中的莱克是个精明的心理分析师，他机智地考虑到了对方的立场和弱点，并对症下药，赢了这次"较量"。有些事情很难用"教科书式"的方法来处理，所以，当你面对难题时，不妨换种思维，从另一个角度思考问题，也许就能够找出问题的破绽，从而想出适当的解决方案。

摆脱思维枷锁的束缚

一次，拿破仑·希尔问PMA成功之道训练班上的学员："你们有多少人觉得我们可以在30年内废除所有的监狱？"

学员都显得很困惑，怀疑自己听错了。一阵沉默之后，希尔又重新问了一遍："你们有多少人觉得我们可以在30年内废除所有的监狱？"

确信拿破仑·希尔不是在开玩笑以后，马上有人出来反驳："你的意思是要把那些杀人犯、抢劫犯及强奸犯全部释放吗？你知道这会带来什么后果吗？这样我们就别想得到安宁了，不管怎样，一定要有监狱。"

大家开始七嘴八舌，各抒己见。

有人说："社会秩序将会被破坏。"

有人说："某些人生来就是坏分子。"

有人说："如有可能，还需要更多的监狱！"

有人说："难道你没有看到今天报上谋杀案的报道吗？"

还有人提出："必须有监狱，警察和狱卒才有工作做。"

拿破仑·希尔听着大家的议论，待没有人发表意见后，他接着说道："你们说了各种不能废除的理由。现在，我们来试着相信可以废除监狱。假设可以废除监狱，我们该做些什么？"

大家沉默了一会儿，有人说："成立更多的青年活动中心可以减少犯罪事件。"

不久，这群刚才还持反对意见的人，开始热心地参与讨论了。

有人说："要消除贫困，大部分的罪犯都来源于低收入的阶层。"

有人说："要辨认、疏导有犯罪倾向的人。"

有人说："借手术方法来医治某些罪犯。"

参与者总共提出了78种构想，其中一些构想经过运行真的变成了现实。

在谈到致富之道时，拿破仑·希尔有许多真知灼见，点出了致富的真谛。

心智启迪 其实，每个人都具有创新能力。创新思维是创造发明的前提，没有创新的动机和意愿，就不会有创新的行为。故事中的试验重点是：当你相信某一件事不可能做到时，你的大脑就会为你找出种种做不到的理由。但是，当你相信某一件事确实可以做到时，你的大脑就会帮忙找出能做到的各种方法，而这正是创造力的奥秘。

建造自己的"王国"

宋真宗年间，有一次京城失火，把绵延数十里的皇宫烧掉了。

宋真宗责令当时监管土木建筑的大臣丁渭三个月内修好皇宫。

丁渭虽接了旨，但心中叫苦不迭：三个月时间，也许材料都备不齐，怎么可能修好皇宫？

摆在丁渭面前的主要有三大难题：第一，外地的石块、木材不能迅速直接地送到建筑工地；第二，京城内缺少烧砖的泥土，从外地调用，费时费力；第三，修建完毕后建筑垃圾不能及时处理。有一个问题解决不好，就不能按时完工。

丁渭苦苦思索了三天，终于找到一个天底下最巧妙的办法，这个办法直到今天还使建筑师和数学家们赞叹不已。

他的解决办法分三步：第一步，从皇宫前的大道挖土烧砖，就地解决取土烧砖的难题；第二步，把河水引入挖空的大道，造成人工运河，就可以把石块、木材等外地才有的材料直接运送到工地，解决运输问题，又快又省力；第三步，修建完毕后，把大量的建筑垃圾回填到河里去，还原先前的大道。

如此一来，三个难题得到了完美的解决，丁渭既按时完成了工程，又建造出了属于自己的"王国"。

心智启迪 丁渭的方案来自经验和创新，既省时省力，又不浪费。创新能力是男人最应该发展的能力。正是有了创新能

力,人们才会拥有今天这种物质丰富的生活。没有从天而降的创新,也没有平白无故的新方法。所以创新不能求快,而是需要慢慢地培养,因为它来自我们平时所受的教育,更来自实践经验。所以你应该多观察、多思考,培养自己的创新能力。

3. 开拓思维

商人的先进思维

从前,有一个海岛,岛上有很多沉积了多年的大颗的珍珠,价值都非常昂贵。

但是,谁也无法接近这个海岛,只有栖息在海岸附近的海鸟能飞行往来于这个岛。很多人慕名而来,带有枪支弹药,捕杀飞回岸边的海鸟。因为这种海鸟每到白天都会飞到岛上去吃光如明月的珍珠。

久而久之,海鸟濒于灭绝,即使剩下的几只也过得胆战心惊,只要一闻到人的气息、看到人的踪影就会早早地逃走。

有一天,来了一个很有智慧的商人,他在海岸附近买下一大片树林,并在树林周围围上栅栏,不让闲杂人走进他的树林。同时,他严厉告诫他的仆人,不许在树林里捕捉或驱赶海鸟,更不许放枪。

于是,每当海岸其他地方的枪声一响,就会有海鸟在惊慌逃窜中不经意闯进他的树林。

时间一长,海鸟都留在他的树林里栖息,它们也因此不必再为安全而战战兢兢。等海鸟在他的树林里逐渐安定下来的时候,他开始将各种美味的食物,撒给这些海鸟吃。

海鸟吃饱了,就把肚中的珍珠全部吐了出来。

就这样,这个商人成了百万富翁。

心智启迪 在对待一些问题上，人与人的思维只存在着细微的差别，不同的思维得出的结果却有着惊人的差别。每个成功的人都有一个创造性的大脑，在它的指导下进行思维活动。当门被锁上的时候，它会告诉你应该怎么办，它会帮助你尝试另一条可行的路。

不同的要求

一个犹太人、一个美国人、一个法国人在进监狱前，监狱长给了他们每人一个提要求的机会。

法国人钟情于浪漫，于是要了一个貌美如花的女人。

美国人喜欢抽雪茄，于是要了两箱优质的雪茄。

而犹太人要了一部能与外界沟通的电话。

时间转瞬即逝，很快到了刑满释放的那天。第一个从监狱里冲出来的是美国人，只见他抱着完好的雪茄，气急败坏地大喊："给我火，给我火……"原来他忘记要火了。

第二个出来的是法国人，他手里抱着一个孩子，而旁边的那位原本美貌的女子已是肚子隆起，手中还牵着一个孩子。

最后出来的是犹太人，只见他神采奕奕，径直走到监狱长的面前，紧紧握住监狱长的手激动地说道："太感谢您了。您知道吗？几年来，我每天都用进监狱那天您给的电话与我的公司联系，生意不但没有因我的入狱而萧条，反而因我在监狱里面可以静下心来思考生意上的事情，让公司的利润翻了好几倍，现在我终于成为一个名副其实的富人了……"

心智启迪 故事中的犹太人具有长远的眼光，并懂得用发展的思维思考问题，于是他成功了。可见，思维的开拓不仅可以让你在实践中取得成功，使你享受到人生的最大幸福，而且可以激励你以更大的热情去继续从事创造性实践，为自己的事业做出更大的贡献，实现人生的价值。

只钓小鱼的老者

在一个阳光明媚的午后，一位老者坐在小湖边惬意地享受着钓鱼的乐趣。

这位老者每钓一条鱼都要拿一把十厘米长的尺子量一下。如果这条鱼比十厘米长，那么，他就将这条鱼轻轻地放进小湖里；如果这条鱼没有超过10厘米，他才会把鱼装进那个随身携带的口袋里。

那些在旁边散步游玩的人注意到了他的这一举动，都纷纷不解地问道："别人都希望能够钓到大鱼，你怎么反而把大鱼又丢进湖里呢？"

老者笑了笑，不慌不忙地回答道："大鱼不好吃，小鱼才好吃。"

"不会吧，小鱼和大鱼比起来，肉少不说，而且吃起来口感不好。"游人半信半疑地说道。

老者收起鱼竿，拿起身边袋子里的毛巾擦了擦手，说："马上要过年了，虽然小鱼的味道不如大鱼鲜美，但总得希望年年有'鱼'不是？"

游人听了老者的话，个个哑口无言。

心智启迪 我们常说："留得青山在，不怕没柴烧。"在生活中，千万不要为了享受一时而丢掉享受一世的机会。一个男子汉应该为长远利益做打算，开拓自己的思维，否则只能坐吃山空。

奇怪的老母鸡

有一对相依为命的年迈夫妇，膝下无子，日子过得很艰苦，仅靠两亩薄田勉强度日。

一天早晨，老太太慌忙跑回房间，摇醒熟睡的老头儿说："老头子，不得了了，咱家的老母鸡下了一只金灿灿的蛋。"

听到这个消息，老头儿半信半疑地跑出去看，果真是一只金蛋，这让两人难以置信。

后来，夫妇俩经过商量决定，将这只金蛋拿到市场上去卖，换一点银子贴补家用。

然而，他们没有想到的是，竟然如此轻松就能换回很多银子。

回到家后，夫妇俩蹲在母鸡旁边仔细观察母鸡的肚子，他们互相安慰说："以后我们不会再过苦日子了。"

以后的每一天，母鸡都会下一只金蛋，夫妇俩的生活也由此富裕起来。他们把两亩薄田租了出去，还雇了几个伙计盖了新房。

可惜的是，日复一日，夫妇俩的贪欲也一天天膨胀。

有一天，老太太把老头儿叫过来说道："老头子，我觉得这只鸡的肚子里会有很多金蛋，何不一次性把金蛋全都拿出来呢？"

老头儿想了想，认为老太太说得很在理，于是拿来菜刀将那只母鸡杀死了。他将母鸡开了膛后，发现这只会下金蛋的母鸡和普通的母鸡并没有什么区别。

这时，夫妇二人都傻了眼，相互责怪起来。然而，死去的老母鸡再也无法活过来，他们也不能再得到金蛋了。

心智启迪 一时的贪婪会让你断送美好的东西。就如同故事中这对年迈的夫妇一样，他们由于没有长远的眼光，所以轻易地选择了自毁前程的办法，结果可想而知。我们应该引以为戒，学会抑制自己的欲望，同时也要努力让自己的思维开拓起来，这样才会收获更多的惊喜。

钱是赚来的，而不是攒下来的

一天，卡恩站在百货公司的橱窗前，目不转睛地看着形形色色的商品。他身旁有一位穿戴很体面的犹太绅士，这位绅士正站在那儿抽雪茄。

卡恩恭恭敬敬地对绅士说："您的雪茄好像不便宜吧？"

犹太绅士回答说："还好，两美元一支。"

"好家伙……您一天抽多少支呀？"卡恩问道。

犹太绅士回答说："10支。"

"天哪！您抽多久了？"卡恩问道。

犹太绅士回答说："40年前就抽上了。"

"什么？您仔细算算，要是不抽烟的话，那些钱足够买下这家百货公司了。"卡恩惊讶地说。

犹太绅士疑惑地问："这么说，您不抽烟？"

"我不抽烟。"卡恩边点头边说。

犹太绅士回答说："那么，您买下这家百货公司了吗？"

"没有。"卡恩说。

犹太绅士接着说："那真可惜。您不抽烟，也没能攒下买百货公司的钱。"说罢，他起身要走，但刚走了两步，便回过头对卡恩说："忘了告诉您，其实，这家百货公司就是我的。"

心智启迪 我们不能说卡恩不聪明，因为他算账算得很快，一下子就计算出每天抽10支两美元的雪茄，40年所花的钱可以买下一家百货公司。而且他懂得勤俭持家、积少成多的道理，并且身体力行，从来没有抽过两美元一支的雪茄。但是，我们也不能说卡恩有生活的智慧，因为尽管他不抽雪茄也没有攒下买一家百货公司的钱。

如果你想成为一个成功者，那就要摒弃卡恩式智慧，开拓自己的思维，挖掘自己的潜力，用你的智慧去打拼。千万不能蛮干，因为钱是赚来的，而不是靠克扣自己攒下来的。

第八章

超越自我
——男子汉的"助推剂"

1. 相信自己

培养自己的专长

刘明在大学读的是法律专业，这是一个热门专业。社会上需要法律人才，更需要高级法律人才。

刘明在大学阶段的学习成绩和表现都很一般，也不是学生干部。这样的条件让他在求职时信心不足。幸运的是，他有一个特长，那就是写作。在大学四年中，他已经在各级刊物上发表过数十篇文章。

一个偶然的机会，刘明听说本市的晨报要招聘三名记者，他想：何不用自身的一技之长去开辟自己的另一段人生旅程呢？于是，他做了一个决定：放弃专业改行做记者。

应聘的时候，一个副总编主持初试。刘明把准备好的简历和发表过的文章一同递了过去，但没想到对方只是随意地翻了一下，就把它们放在了一边。

"你发表的文章都是散文，这与新闻写作有很大不同，你能适应写新闻稿吗？"副总编问道。

"写什么和怎么写并不是问题，最重要的是我能写。我对我的文字功底很有信心。"刘明在略加思索后，微笑着回答道。

"你认为你的特长是什么？"副总编接着问道。

"我的特长是写作，但我知道这并不是我的竞争优势，现在坐在外面的应聘者文笔肯定都不错。而我的优势在于我有法律专业的背景，现在国家很重视法制建设,报纸对法制类新闻的报道也势必会增加。如果我有幸被贵报录用,将主攻法制类新闻,我相信在这方面我会胜人一筹。"刘明从容地回答道。

副总编思量片刻,随后便说:"好的,你的情况我大概了解了,那先到这里,回去等结果吧。"

今后的几天,刘明没有另外去找工作,他相信自己的回答和精心准备的简历不会败给他人。果然,报社通知他去参加复试。

复试的内容是让参加复试者跟着一位记者去采访,每人写一篇新闻稿。

刘明回到宿舍后,经过彻夜努力,在第二天上午将报道完成了。

刘明把4000字的打印稿交到总编手里,总编看过后,点了点头,满意地对他说:"你明天就来实习吧。"

心智启迪 麦当劳公司创始人雷·克拉克说过:"我总是相信,一个人的幸福由自己去创造,自己的问题由自己负责解决,这是一个简单的哲理。"在这个竞争激烈的社会中,可以说是八仙过海——各显神通。然而,招招通,不如一招精。所以,我们要注重培养一种胜于他人的专长,更要相信自己的实力,并将自己的长处和优势发挥到极致,这样才会离成功越来越近。

信心无价

1887年圣诞节那一天,一个小男孩出生在新墨西哥州的一个小镇上,他是家里的第二个孩子。

他的家境很贫寒。父亲为养家糊口、积攒家业而疯狂地工作;母亲承担起所有的家务;年少的他与其他姊妹在学校放假期间在自家开的商店站柜台,或推着货物沿街叫卖。

就这样,在全家人的辛勤劳作下,商店的生意日益兴隆。

一天早晨,太阳刚刚露面,父亲就出现在房门口,把大约有儿子身高两倍的草耙交给儿子,对他说:"你可以到畜栏里工作了。"

他的母亲接着说:"孩子,你要记住,若想放大船,必须先找到水深的地方。"这句话一直鞭策着他。

1917年,美国卷入第一次世界大战,他应征入伍。

1919年,32岁的他退伍返乡。他来到了当时因发现石油而兴盛的得克萨斯州,那里聚集着大批来发石油财的冒险家。

他一心想经营银行,因此想收购一家银行,但没有银行要出售。

在碰壁之后,他并没有放弃,而是来到马路对面的一家名为"蒙布勒"的旅馆,在与旅馆老板商谈后,他以4万美元的价格成功地买下了这家旅馆。也就是从那时开始,他正式涉足旅馆业。

在接下来的几年里,他收购了许多即将倒闭的饭店。

在他的改造之下,这些旅馆都从丑小鸭变成了美丽的天鹅。

1924年,他内心萌生出一个更伟大的梦想——要建造自己的新旅馆。

1925年8月4日,"达拉斯希尔顿大饭店"落成。

1928年,41岁生日的时候,他已经拥有了8家旅馆。

他就是闻名世界的旅店大王——康拉德·希尔顿。

心智启迪 林肯曾说过:"每个人都应该有这样的信心:人所能负的责任,我必能负;人所不能负的责任,我亦能负。如此,他才能磨炼自己,求得更多的知识,进入更高的境界。"自信和勇气来源于自己的精神觉醒,有时也来源于外在的潜入意志。希尔顿之所以能够在30年代的经济大萧条中缔造一个全世界无可匹敌的"旅店帝国",其重要的原因就是他具有顽强的意志和坚强的信心。

卖锅盔

1975年,张建功出生在山西大同的一个矿区。

由于家境贫寒,在张建功13岁那年的暑假,父亲给了他18元钱,让他去做点小生意——卖锅盔(山西当地的一种小锅饼)。父亲这样做一是为了锻炼他,二是为了补贴家用。

于是，张建功背着装满锅盔的沉重的箱子走了几十里山路，跑遍了附近的小煤矿，挨家挨户地推销自己手里的锅盔。

第一天，他令人意外地拿回了29元钱。他也没有什么诀窍，只是别人一张锅盔卖三毛，他卖两毛五，而且他上门服务。他小小年纪就懂得薄利多销，真的很难得。

后来，张建功一边读书，一边利用课余时间做小生意。他卖过服装，做过冷饮，批发零售过水果，在工地当过小工……这些经历让他至今仍觉得受益匪浅。

"那是一个战胜自我的过程，从中可以磨砺出坚忍的品质，激发出深度的潜能。"张建功经常这么说。

虽然，当时的一个半大孩子难免会受很多欺负，但张建功从来没有回家诉过苦。

1995年，20岁的张建功走出了大学校门。他没有选择留在城市，而是回到老家山西繁峙县的一个乡镇当了团委书记。他说："当时选择基层只是为了锻炼自己，为了有一天能干一番大事。"

有经商经历的张建功对基层团组织的工作有着自己的理解：农村青年更看重共青团组织能否带领他们脱贫致富。于是，他组织当地青年及下岗职工创立了繁峙县的第一个团办实体——珍珠领带厂。张建功凭着丰富的营销经验使该厂很快取得了很好的效益。

升任共青团繁峙县县委副书记后，张建功又自筹资金创办了五台山青年旅行社等团办实体。他在基层团的工作上开辟了一个成功的模式，因此被选为共青团第十四届中央委员。在即将被提拔为处级干部时，张建功却做出了一个让人意外的决定——放弃仕途，进京创业。

2001年年底，张建功来到北京，受聘为北京凡元科技有限公司的部门经理。三个月后，因为表现突出，他先后升任公司副总经理、总经理。

一路走来，甘苦自知。张建功说："要想有所成就，先要相信自己、战胜自己。"

心智启迪

高尔基说："只有满怀自信的人才能在任何地方都把自己沉浸在生活中，并实现自己的意志。"其实，无论你的年龄有多大，无论你的出身如何，每一个人都有改变自身命运的机会，在这种关键时刻，你必须勇于挑战人生中的各种艰难险阻，相信依靠自己的力量就能成功！

"炸"出来的财富

1890年9月9日，哈兰·山德士出生在美国印第安纳州亨利维尔附近的一个农庄。

6岁那年，父亲去世，母亲一人抚养3个孩子。白天母亲在外工作，小山德士只能自己做饭，一年过去了，他竟然学会了做20道菜，成了远近闻名的烹饪能手。

长大后，山德士换过很多种职业，做过粉刷工、消防员，卖过保险，还当过兵。

40岁的时候，山德士来到肯塔基州，开了一家加油站，生意颇为红火。由于山德士热爱厨艺，也为了扩大加油站的生意，他顺便做点炸鸡生意。

让他没有想到的是，炸鸡的名声竟然超过了加油站，由于顾客越来越多，加油站已经容不下了。山德士就在马路对面开了一家餐厅，专营他的拿手食品——炸鸡。这样，他就创建了一个初级的炸鸡市场。

在短短5年内，山德士在美国及加拿大已开设了400家特许授权的连锁店。之后的几年，他边经营餐厅边研究炸鸡的特殊配料，使炸成的鸡表皮形成一层薄薄的、金灿灿的壳，鸡肉滑润而鲜美，这就是后来闻名于世的肯德基炸鸡的雏形。

如今，这种炸鸡配方还在使用，但调料已增至40种，成为肯德基最重要的"秘密武器"，正如可口可乐的配方一样。

到了今天，肯德基已经是美国跨国连锁餐厅之一，也是全球最大的炸鸡连锁企业。

心智启迪 人生中最可贵的是要认清自己的能力，相信自己，千万不要好高骛远。西德尼·史密斯说："不管你的天性擅长什么，都要顺其自然；永远不要丢开自己天赋的优势和才能。顺其自然就会成功，否则无异于南辕北辙，结果一事无成。"

告诉自己：我行

20世纪80年代初，苏增福找到了一个糊口的工作，成为玉环县一个农机厂的业务员，负责推销农机具。

从当上业务员的第一天起，苏增福就相信凭自己的能力完全可以领导整个厂子。自信加上努力，使苏增福获得了成功。

1985年，45岁的苏增福当上了这家年产值二三十万元的农机厂的厂长。

1989年，厂里的流动资金达到了300万元。苏增福用这笔资金改造了一条压力锅生产线，生产压力锅，用"双喜"的牌子，一年给商标拥有者300万元的商标使用费，可以想象苏增福创业之初的艰难。

当时我国对压力锅生产企业实行二轻集体工业管理制度，加上当时实行的是计划经济和商品经济的"双轨制"，国家供应给"双喜"的铝锭是2700元一吨，农机厂却要花1.6万元高价才能买到一吨铝锭。一个压力锅要用两千克铝锭，光原材料这一块，农机厂每生产一个压力锅的成本就要32元，而"双喜"只要5.4元。农机厂的利润可想而知，但是它奇迹般地生存了下来。

1994年初，苏增福创立了自己的品牌——苏泊尔。

在"苏泊尔"品牌推出的第一个月里，产品只卖了3万个，到年底也仅卖出30万个。但是到了1996年底，苏泊尔打了个漂亮的翻身仗，销售量翻了几番，达到400万。当时全国市场的总量也不过1000万，光苏泊尔就占了40%。"苏泊尔"很快登上了中国压力锅第一品牌的宝座，而这一过程只用了两年时间。

如今，苏泊尔成为中国最大、全球第二的炊具研发制造商。

心智启迪 一个内心充满自信的人，能拥有无穷的力量，可以克服一切艰难险阻。面对挫折和失败，推销员必须振奋精神，充满自信地突破困局；而当组织发展春风得意时，总经理则要避免盲目乐观，这都是自信的应有之义。

自己的意志最重要

春秋战国时期，一位父亲和他的儿子出征打仗。父亲已做了将军，儿子还只是马前卒。

又一阵号角吹响，战鼓雷鸣，父亲庄严地托起一个箭囊，其中插着一支箭。父亲郑重地对儿子说："这是家传宝箭，带在身边，力量无穷，但千万不可抽出来。"

那是一个极其精美的箭囊，厚牛皮制成，镶着铜边，上方露出箭尾。任何人一眼便能认定是用上等的孔雀羽毛制成的。儿子喜上眉梢，得意地想象箭杆、箭头的模样和敌方的主帅中箭的情景。

果然，佩带宝箭的儿子英勇非凡，所向披靡。鸣金收兵后，儿子完全忘记了父亲的叮嘱，强烈的好奇心驱使他拔出宝箭，试图看个究竟，骤然间他惊呆了。

一支断箭！箭囊里装着一支折断的箭！

"原来，我一直背着的是一支断箭！"儿子吓出了一身冷汗，仿佛顷刻间失去支柱的房子，意志轰然坍塌了。

结果，儿子惨死于乱军之中。

父亲捡起那支断箭，沉重地说道："不相信自己的意志，永远也做不成将军！"

心智启迪 不要把希望寄于他人，因为你自己才是一支箭，若要它坚韧、锋利，磨砺它、拯救它的都只能是自己。

三颗糖果

一天,一位体育老师带着十个学生去参加田径比赛,比赛现场竞争异常激烈,体育老师看到其他学校的选手比赛的情况后心中一惊:这届水平怎么这么高没想到啊,看来还是低估对手的水平了。

体育老师转过身去看了看正在做准备活动即将上场的自己的学生,心里捏了一把冷汗:看来这次要全军覆没了……

体育老师选的十个学生已经有七个学生完成了自己的比赛项目,结果都不尽人意,没有一个进前三名的。与体育老师一起前去的带队老师看出了体育老师的心思,拍了拍体育老师的肩膀说:"没事的,咱们还有三个学生没参加比赛呢。"

体育老师泄气地说:"唉,没想到这届水平这么高,看来我们还是没有做好充分的准备。"

带队老师什么也没说,再次拍了拍体育老师的肩膀,随即从自己的上衣口袋里掏出三颗药丸,然后把还没有参加比赛的那三个学生叫到身边说:"把这个药丸吃下去,这是一种新药,会使你们达到超人的水平。"

"那是什么药丸?不会是兴奋剂吧?"大家瞪大双眼不敢伸手去接。

带队老师解释说:"当然不是兴奋剂了,我怎么敢冒这个险!这是我外甥从国外带回来的,吃了会感到全身有使不完的劲儿,绝对会比别人跑得快,但它绝不是兴奋剂。放心吃吧。"

三个学生半信半疑地将三颗药丸吃了下去,后来比赛时果然像带队老师说的那样跑得飞快,两人拿了第二名,一人拿了第一名。大家都不敢相信这个奇迹,以为真是药丸的功效。

比赛结束后,在回校的路上,体育老师问带队老师:"你真是神了,你敢保证那不是兴奋剂?"

带队老师笑着说:"当然不是,那只不过是从学校门口的小卖部买的三颗糖果而已。"

心智启迪　如果你想取得好的成绩，那就要在心中为自己树立必胜的信念，相信自己能行。一旦有了自信，就相当于一个勇敢的战士拿着一把子弹上了膛的枪一样，勇往直前，直到到达胜利的彼岸。

抉　择

在一个村庄里，住着一位睿智的老人，村里人有什么疑难问题都去向他请教。

有一天，一个聪明又调皮的小孩想要故意为难这位老人。

他捉了一只小鸟，握在手中，跑去问老人："老爷爷，听说您是最有智慧的人，不过我不相信。如果您能猜出我手中的鸟是活的还是死的，我就相信了。"

老人注视着小孩狡黠的眼睛，心中已有数：如果他回答小鸟是活的，小孩会暗中加劲把小鸟掐死；如果他回答是死的，小孩就会松开手让小鸟飞走。

老人拍了拍小孩的肩膀笑着说："这只小鸟的死活，就全看你的了！"

心智启迪　每个人的前途与命运，就像小孩对待那只小鸟一样，完全掌握在自己的手中。升学也罢，就业也好，创业亦如此。只要奋发努力，均会成功。一位哲人说："人生就是一连串的抉择，每个人的前途与命运都完全掌握在自己的手中，只要努力，终会成功。"

2. 直面失败

大不了从头再来

希尔从商业学校毕业后当了速记员,由于他一直奉行"任劳任怨,不计报酬"的工作原则,很快得到了晋升,他所获得的薪水和他所负的责任都使他的同龄人钦羡不已。他春风得意,很多人都竞相聘请他去工作,老板把他提升为总经理。于是,他觉得他达到了"世界最高峰"。

不幸的是,没过多久,公司宣布破产,他失业了。他又去一家销售公司担任销售经理,依旧不计报酬,任劳任怨地工作,很快又得到了晋升,并增加了两次薪水。老板主动邀请他合伙,于是,他又觉得自己站在"世界最高峰"了。

但是,幸运之神又一次远离了他,并且拿了一根结实的棍子,给了他当头一棒——1907年金融危机来临了,它毁掉了他的事业,夺走了他所有的钱。

面对一次又一次的打击,希尔并没有悲观失望,而是决定从头再来,于是他又去做了一名汽车推销员。这次,在木材公司的经验帮了他的大忙。他很快发达起来,还在厂内设了一个训练部门,把一般工人训练成技术工人。这又使他每月增加了1000多美元的收入,他再度觉得站在"世界最高峰"了。他存款的那家银行经理知道了他良好的业绩,不断贷款给他拓展业务,这使他债台高筑,无力偿还。最后,那位银行经理从容地接过他的事业,轻轻地踢了他一脚。转眼间,他又变成了一文不名的穷光蛋。

……

最终,拿破仑·希尔在失败与成功的起起伏伏中,找到了最适合自己的工作,成了一名影响广泛的成功学家。

也许是这些失败的经历,让拿破仑·希尔对失败称赞不绝,他说:"看起来像失败的,其实却是一只看不见的手,阻挡了我的错误路线,并以伟大的智慧强迫我改变方向,向着对我最有利的方向前进。"

心智启迪 美国著名的成功学家拿破仑·希尔用他的亲身经历对失败做了独到的诠释——失败是大自然用以考验人类的一项计划,借此能够烧掉人类心中的残渣,使人类这块"金属"变得更加纯净。因此,当你遭受失败时,不妨大声对自己说:"大不了从头再来!"

失败是一种天然的养料

1832年,他失业了。这显然使他很伤心,但他下决心要当政治家、当州议员,糟糕的是他竞选失败了。在一年里遭受两次打击,这对他来说无疑是痛苦的。

他着手自己开办企业,可一年不到,企业又倒闭了。在以后的17年间,他不得不为偿还企业倒闭时所欠的债务而到处奔波,历尽磨难。

他再一次决定参加州议员竞选,这次他成功了。他内心萌发了一丝希望,认为自己的生活有了转机:"可能我可以成功了!"

第二年,他订婚了,但离结婚还差几个月的时候,未婚妻不幸去世。这对他精神上的打击实在太大了,他心力交瘁,数月卧床不起。在1836年他还得过神经衰弱症。

两年后,他觉得身体状况好转,于是决定竞选州议会议长,可他失败了。虽然一次次地遭受失败,但他没有放弃。

1846年,他又一次竞选国会议员,最后终于当选了。两年任期很快过去了,他决定要争取连任。他认为自己作为国会议员是出色的,相信选民会继续支持他。但结果很遗憾,他落选了。因为这次竞选他赔了一大笔钱。他申请当本州的土地官员，但州政府把他的申请退了回来。接连又是两次失败。

1854年，他竞选参议员，但失败了；两年后他竞选美国副总统，结果被对手击败；又过了两年，他再一次竞选参议员，还是失败了。

他面对困难没有退却、没有逃跑，他坚持着、奋斗着。他从来都没想过要放弃自己的追求。他一直在做自己生活的主宰。1860年，他终于当选为美国总统。

他就是亚伯拉罕·林肯。

心智启迪 失败是一种天然的养料，如同农夫利用牲畜的排泄物和植物的枯枝败叶滋养作物一样，人们可以利用失败滋养播种成功的土地。正如韩非所说："冬日之闭冻也不固，则春夏之长草木也不茂。"冬季的冰冻得牢，不仅不会使草木枯萎，反而会让春夏之交的草木长势茂盛。

感谢生命中的考验

有一个农民，初中只读了两年，家里就没钱继续供他上学了。他辍学回家，帮父亲耕种三亩薄田。

在他19岁时，父亲去世了，家庭的重担全部压在了他的肩上。他要照顾身体不好的母亲，还有一位瘫痪在床的祖母。

80年代，农田承包到户。他把一块水洼挖成池塘，想养鱼。但乡里的干部告诉他，水田不能养鱼，只能种庄稼，他只好又把水塘填平。这件事成了一个笑话，在别人的眼里，他是一个想发财但又非常愚蠢的人。

听说养鸡能赚钱，他向亲戚借了500元钱，养起了鸡。但是一场洪水过后，鸡得了鸡瘟，几天内全部死光。500元对别人来说可能不算什么，对一个只靠三亩薄田生活的家庭而言，不啻天文数字。他的母亲受不了这个刺激，竟然忧郁而死。

他后来酿过酒，捕过鱼，甚至还在石矿的悬崖上帮人打过炮眼……可都没有赚到钱。

35岁的时候,他还没有娶上媳妇。即使是离异的有孩子的女人也看不上他。因为他只有一间土屋,随时有可能在一场大雨后倒塌。娶不上媳妇的男人,在农村是没有人看得起的。

但他还想搏一搏,就四处借钱买了一辆手扶拖拉机。不料,上路不到半个月,这辆拖拉机就载着他冲入一条河里。他断了一条腿,成了瘸子。而那拖拉机被人捞起来后,已经支离破碎,他只能拆了它,当作废铁卖。

几乎所有人都说他这辈子完了。

后来,令人惊讶的是,他成了一家公司的老总,拥有两亿元的资产。现在,许多人都知道他苦难的过去和富有传奇色彩的创业经历。每当媒体采访他时,他总是说一句话:"感谢生命中的考验,是它让我变得更加坚毅!"

心智启迪 不怕失败的人,即使只有一口气,他们也会努力去拉住成功的手,除非上苍剥夺了他们的生命。因为他们知道,失败是通向成功的有效途径。每一次的挫折,都会使他们更加接近成功的终点。正如丘吉尔所说的那样:"成功,就是以永不熄灭的热情,从失败走向失败。"

五次面试

王宏伟去微软公司应聘,而该公司并没有刊登过招聘广告。

见总经理疑惑不解,王宏伟用不太娴熟的英语解释说:"我是碰巧路过这里,就贸然进来了。"

总经理感觉很新鲜,于是破例让他一试。

面试的结果出人意料,王宏伟表现得很糟糕。

王宏伟对总经理的解释是"我事先没有准备"。

总经理以为他不过是找个托词下台阶,就随口应道:"等你准备好了再来试吧。"

一周后,王宏伟再次走进微软公司的大门,这次他依然没有成功。但比起第一次，他的表现要好得多。

总经理给王宏伟的回答仍然同上次一样："等你准备好了再来试。"

就这样，王宏伟先后五次踏进微软公司的大门，最终被公司录用，成为公司的重点培养对象。

心智启迪 大部分人在一生中都不会一帆风顺，会遭受挫折和不幸。但是成功者和失败者非常重要的一个区别就是：失败者总是把挫折当成失败，每次挫折都能够深深打击他追求胜利的信心；成功者则从不言败，在一次又一次挫折面前，总是对自己说："我不是失败了，而是还没有成功。"

失败了再爬起来

美国著名电台广播员莎莉·拉斐尔在她30年的职业生涯中，曾经被辞退18次，可是她每次都放眼最高处，确立更远大的目标。

当初，由于美国大部分的无线电台认为女性不能吸引听众，没有一家电台愿意雇用她。她好不容易在纽约的一家电台谋求到一份差事，不久又遭辞退，理由是她跟不上时代。

然而，莎莉并没有因此而灰心丧气。

她总结了失败的教训之后，又向国家广播公司推销她的清谈节目构想。电台勉强答应了，但提出要她先在政治台主持节目。

"我对政治所知不多，恐怕很难成功。"她也一度犹豫，但坚定的信心促使她大胆去尝试。

她对广播早已轻车熟路了，于是她利用自己的长处和平易近人的作风，大谈即将到来的7月4日国庆节对她自己有何种意义，还请观众打电话来畅谈他们的感受。听众立刻对这个节目产生了兴趣，她也因此而成名了。

如今，莎莉·拉斐尔已经成为自办电视节目的主持人，曾两度获得重要的主持人奖项。

心智启迪 "失败了再爬起来",看起来是一句鼓舞失败者最好的话,但是要真正实现起来,需要的是自我鼓励的品质和勇气。很多人告诉自己:"我已经尝试过了,不幸的是我失败了。"其实他们并没有搞清楚失败的真正含义。一个暂时失利的人,如果继续努力,那么他今天的失利,就不是真正的失败;如果他失去了再次战斗的勇气,那么他就是真的输了。

为自己争取一个希望

鲍勃·摩尔在参加哈佛大学的招生考试时,考的五门功课中竟有三门功课不及格,所以他没能顺利地进入这所世界著名的大学深造。

落榜后,鲍勃·摩尔感到非常自卑,常常将自己关在屋子里,怨天尤人,唉声叹气。

在一年的夏季,鲍勃·摩尔的家乡接连下了一个多月的暴雨,致使山洪暴发了。

鲍勃·摩尔不幸被滚滚的山洪卷进了咆哮的河流。在浊浪翻滚的河水中,他像一片轻飘飘的树叶一样被抛来甩去,生命危在旦夕。

此时,他多么想抓住一样能够拯救生命的东西,哪怕是一块木板、一根芦苇也好,但在湍急的洪水中除了翻卷的泥沙,他什么也抓不到。

鲍勃·摩尔暗想:也许自己真的没救了。也罢,人生在世,总会有一死,死就死吧!

这个念头刚一冒出来,他便立刻犹如散了架一般浑身乏力,四肢酸软,再没有一点挣扎的力气,整个人随着汹涌的波涛沉沦、漂浮。

就在鲍勃·摩尔万念俱灰的时候,他的脑袋突然被洪水中滚动的石块碰了一下,骤然的疼痛使他突然清醒过来。

刹那间,他突然想起去年夏天与女友在这条河中漂流探险时,曾在下游看见过一棵粗壮的老树,老树有一根粗大的树杈,正好斜长着横贴在水面上。只要能够抓住这根树杈,他就能保住自己的生命。

一想到这里，他的心中顿时充满了希望，一有了希望，浑身上下顿时力气倍增，心也不慌了，僵硬的四肢也变得灵活了。鲍勃·摩尔心中默念着那棵救命的老树，在洪水中拼命地挣扎……

　　鲍勃·摩尔终于游到了那棵老树跟前。但是，当他拼命地抱住伸向河面的树杈时，谁知那根树杈早已经枯朽。使劲一拽，便"咔嚓"一声断为两截。鲍勃·摩尔只好紧抱着断落的树杈，继续随水漂流。

　　庆幸的是，刚漂出没有多远，他就被河边经过的抢险队员搭救上岸。

　　事后，鲍勃·摩尔说："如果我没有挣扎，放弃了那最后的希望，也许早就被冲走了。"

心智启迪　　只要你的心中还有希望，那么再大的困难、再大的挫折，你都能够战胜。正如鲍勃·摩尔说的："你可以失败一百次，但你必须一百零一次燃起希望的火焰。"

永不言败

　　有一次，日本松下公司拟招聘一批推销人员，录取的名额只有10个，但报考的有几百人。经过一个星期的招考工作，最后通过电子计算机计分，筛选出了10名佼佼者。

　　当松下幸之助一个个过目录取者的时候，发现面试时给他留下深刻印象且成绩特别出色的神田次郎没有列入其中。他感到很奇怪，当即叫人复查考试分数统计情况。

　　复查后得知神田次郎的综合成绩排在第二，只因电子计算机出了故障，把分数和名次排错了，才导致神田次郎落选。松下幸之助马上吩咐纠正错误，给其发录用通知书。但第二天，助手向松下幸之助汇报了一个惊人的消息：神田次郎因没有被录用而跳楼自杀了。

　　听到这个消息，松下幸之助沉默了一会儿。助手在一旁自言自语地说道："太可惜了，这么出色的一位青年，我们没有录取他。"

　　松下幸之助却摇了摇头说："幸亏我们公司没有录用他，这样轻易放弃生命，不懂得用积极的情绪面对失败的人是干不成大事的。"

心智启迪 我们会想：如果神田次郎不自杀，他就会成为松下公司的职员，也许现在会是经理级的人物。退一步讲，如果他能够承受住一次失败的打击，即使神田次郎不被松下公司录用，还可以到其他公司去试试。他本来应该迈向成功之路，却因缺乏自信心，造成了悲剧，这个教训多么深刻呀！

永不言败的心态是生活中的强者所不可缺少的，这也是成功男人必须拥有的原则之一。常言道："天下事不如意者十之八九。"毕竟能一帆风顺的人是不多的。学习上遇到困难，工作中遇到挫折，生活上遭到不幸，事业上遭到失败，这些都有可能发生。然而，我们只要充分相信自己，坚信挫折、困难都是暂时的，并以永不言败的精神继续拼搏，就能等到云开雾散的那一天。

水　泉

在一个偏僻的小镇里有一个非常奇怪的水泉，传说有一位勇士在怀才不遇、无法受到赏识时心生绝望，抑郁而死，死后被一个路人投入到此水泉中。

从那时起，从此经过的人们就会发现：每当夏季来临时，水泉里的水就会汩汩地往外流淌。泉水清澈透明、甘甜可口，喝过此水的人都会认为，泉水能够包治百病，非常灵验。所以，很多病人在得知自己的病无法医治的时候都会前来祈祷。

一天，有一个少了一条腿的退伍军人，拄着拐杖，一瘸一拐地走进镇里，来到这个水泉边，坐下来歇息。

周围的人们都以为他是来祈福的。有的人说："这个可怜的家伙，难道他在向上帝祈祷，让自己再有一条腿吗？"这句话被坐在一边的退伍军人听到了，他转过身对他们说："我没有祈求上帝能给我一条新腿。"

人们都好奇地问道："那你是为了祈求什么而来的呢？"

这位退伍军人回答道："我祈求上帝告诉我在失去了一条腿以后该如何生活。"

心智启迪 如果把每一个阶段的成败得失全都扛在肩上,那今后的路你就没有办法去走了。所以,你必须丢弃过去的东西,跟过去说再见,跟往事告别!作为一个男子汉,无论你曾经得到了多少,现在又失去了多少,都要用一种良好的心态去面对人生中的得与失,努力让自己的生命充满阳光与色彩,不要再为曾经失去的东西耿耿于怀,应该重振旗鼓。

3. 坚守信念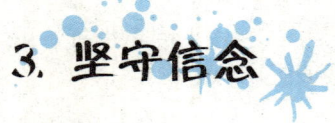

张晓明的志愿

在一堂小学作文课上，老师给学生出的作文题目是——我的志愿。

张晓明非常喜欢这个题目，他在本子上飞快地写下他的梦想。他希望将来自己能拥有一座占地十余公顷的庄园，在辽阔的土地上植满如茵的绿草，庄园中有无数的小木屋、烤肉区，以及一座休闲旅馆。除了自己住在那儿外，还可以和前来参观的游客分享自己的庄园，有住处供他们歇息。

写好的作文经老师过目，被退回到他手上，老师要求他重写。张晓明仔细看了自己所写的内容，并无错误，便拿着作文本去请教老师。

老师告诉张晓明："我要你们写下自己的志愿，而不是空想。我要实际的志愿，而不是虚无的幻想，你明白吗？"

张晓明据理力争："可是，老师，这真的是我的志愿啊！"

老师严肃地说："不，那不可能实现，那只是一堆空想。你重新写一个志愿，然后交给我。"

可是，张晓明还是不肯妥协："我很清楚，这才是我真正想要的，我不愿意更改我的志愿。"

老师摇了摇头，说道："如果你不重写，我就不让你及格了，你明白吗？"

张晓明也跟着摇头，还是不愿重写，而那篇作文也就没有及格。

30年之后，这位老师带着一群小学生到一座风景优美的庄园度假，在尽情享受无边的绿草、舒适的住宿,以及香味四溢的烤肉之余,他看见一位中年人向他走来,并自称曾是他的学生。

这位中年人告诉他的老师,他正是当年那个作文不及格的张晓明。不同的是,如今的他拥有这座庄园,真的实现了儿时的梦想。

老师望着这位庄园的主人,不禁喟叹:"30年来我不知道用成绩改掉了多少学生的志愿。而你,是唯一保留自己的志愿的。我为你感到骄傲……"

心智启迪 美国IBM公司创始人托马斯·沃森说:"如果一个人总是为自己制定更高的标准,而且每天都精力充沛地投入到工作中去,那么他总是能够实现自己的目标。"只要你的志愿建立在科学规划、立足长远的基础上,并这为之奋斗,那么远景目标将会成为可以实现的美好愿望。

取胜的法宝

秦朝末年,由于秦王朝的残酷统治,各地农民纷纷起义。

秦二世胡亥慌忙派出人马到各地去镇压。秦将章邯率领20万人马进攻赵国,把赵王围困在巨鹿。赵国急忙向楚国求救,楚王派遣宋义为上将军,项羽为次将,带兵去援救赵国。

可是,宋义并不急于赶去救赵国,他打算让秦赵双方打得两败俱伤,然后出击,从中获胜,以保存实力。他带着人马缓缓行进,到了安阳,还停下来休息了40多天。

项羽心急如焚,多次劝说宋义赶到巨鹿迎击秦军,但遭到宋义的拒绝。他在一气之下,把宋义杀了,夺取了兵权。他派英布带领兵马,渡了河,直奔巨鹿,与秦军交锋,仅获小胜。

项羽率领全军渡了河,准备和秦军决一死战。

秦军人马众多,士气正盛,要将其打败,就必须想出一个好的办法才行。于是,项羽命令士兵们把渡船统统凿穿,沉到水底;又把行军煮饭的

锅砸得粉碎,每人只带3天的粮。

在这样的情况下,退路没有了,粮食也不多了,不战胜敌人就只有死路一条。楚军的将士们激昂振奋,互相勉励,人人都抱着进则生、退则死的决心,拼命向前。

秦军虽然人马众多,也抵挡不住抱着必死决心的楚军。经过几次激烈的血战,秦军最终大败。

项羽取胜的法宝,就是采用了"破釜沉舟"的作战方针。

心智启迪 有位心理学家说过:"世界上最大的悲剧不是连年的战争,更不是恐怖的自然灾害,而是人从活着到死去,却从未发现存在于他们身上的巨大潜能。"一个男子汉应该懂得,不论是学习或工作都犹如逆水行舟,不进则退。只有不断进取,坚定信念,勇敢地向目标冲刺,才能取得最后的成功。

坚持到底就是胜利

1978年,殷坤才高中毕业,他想凭这点文化改变贫困的生活状况,于是,他开始摸索一些致富的路子。从种植甜椒、无籽瓜到养殖黄鳝、兔子,折腾了三四年,不但没有致富,反而让家里背上了债!

"生来的穷命,这是改不了的。"父母经常这样苦口婆心地劝他,并让他老老实实地种地。可他不信命,他坚信自己有种植的潜力,所以他硬是咬牙坚持了下来。

1982年,他在杂志上看到一篇指导人们用稻草种蘑菇的文章,顿时来了劲头。他心想:农村的稻草很多,可以烧掉用来种蘑菇,还不用什么本钱。但是,种植技术资料和菌种是需要本钱的。

于是,他向学生的父亲借了10元钱去卖冰棍,一个夏天辛辛苦苦攒下60多元。他用这钱买来了技术资料和菌种,开始种起了蘑菇。按要求,蘑菇要在阴暗潮湿的地方才能生长,他没钱搭棚子,就在自己的床底下做试验。

一个月下来，床下这点面积居然长出了50多千克的蘑菇，卖了20多元钱。他特别高兴，急忙找到了村支书，请他支持自己。村支书出面担保，在信用社给他贷了200多元。这下他越干越有劲了，搭起了棚子，扩大了种植面积，第二年收入达到了1000多元，第三年达到了2000多元！

2002年的时候，他成立了马鞍山市安康菌业有限公司，在他的经营下，公司从当初的家庭式小作坊，发展为现在的集科技、种植、加工、销售为一体的产业化生产企业，成为安徽省一个重要的食用菌示范种植和科研基地。

心智启迪 不管你的生存条件如何、出身如何，都不能成为阻碍你发挥潜能的借口。只要你能克服一切困难，坚持到底，就一定可以打造自己的辉煌人生。

可贵的精神

春秋时期，吴王阖闾带兵进攻越国，在战斗中被越国大将砍中右脚，伤重不治而死。他的儿子夫差继承了他的王位。

三年后，夫差为报父仇，带兵攻打越国，一举攻下越国的都城会稽，迫使越王勾践投降。

夫差把勾践夫妇押解到吴国，关在阖闾墓旁的石屋里，让他们为他的父亲看墓和养马。勾践忍受了许多折磨和屈辱，才被吴王夫差释放回国。

勾践一心想报仇雪恨，带头日夜苦干，重新积聚力量。为了激励自己，他在日常生活里特别定了两条措施：一是"卧薪"，晚上睡觉时躺在柴草上，提醒自己，国耻未报，不能贪图舒服；二是"尝胆"，在起居的地方挂着一个苦胆，出入和睡觉前，都拿到嘴里尝一尝，提醒自己不能忘记被俘的痛苦和耻辱。

不仅如此，勾践还常常下田劳动，他的妻子也亲自织布，他们在吃穿上都很朴素，与百姓同甘共苦。

后来，越国抓住有利的时机起兵，最终灭了吴国。

心智启迪 我们应该学习勾践的精神——为了达到目的而不断激励自己坚定信念，奋发图强，勇往直前。

不要轻易放弃

当本田还是一名学生时，他就做了一个惊人的决定——毕业后学习修车。

后来，为了学到更多的知识，他重回学校学习，其间经常为了自己的设计而被老师和学生嘲笑，被认为不切实际。

本田没有退却，仍然咬紧牙关朝目标前进，终于在几年之后得到了丰田公司的购买合约，完成了他长久以来的心愿。

但从这以后，并不是一帆风顺，他又碰上了新问题。

由于当时日本政府发起第二次世界大战，一切物资吃紧，他买不到水泥建造工厂。本田面对这些困难，并没有怨天尤人。他决定另谋出路，与工作伙伴研究出了新的水泥制造方法，并建好了他们的工厂。

可是，这座工厂却在战争期间遭到了美国空军两次轰炸，毁掉了大部分的制造设备。即使是这样，本田依然没有放弃，他迅速召集了一些工人，去捡拾美军飞机丢弃的汽车油桶，并称其为"杜鲁门总统所送的礼物"。

由于战争时期物资短缺，而这些汽车油桶则刚好提供了本田工厂制造用的材料。在此之后他们又碰上了地震，整个工厂被夷为平地，这时本田不得不把制造活塞环的技术卖给丰田公司。

第二次世界大战结束后，日本汽车短缺，本田先生根本无法开着车子出门买家里所需的食物。在极度沮丧下，他不得不试着把马达装在脚踏车上，他晓得如果成功，邻居们一定会央求他给他们装摩托脚踏车。果然，他装了一部又一部，直到手中的马达都用光了。

他决定无论如何要想出个办法来，最后决定求助于日本全国1.8万家脚踏车店。他给每一家脚踏车店店主都写了封言辞恳切的信，告诉他们如何借着他发明的产品,在振兴日本经济上扮演一个角色,结果说服了其中的5000家,凑齐了所需的资金。

不仅如此,为了扩大市场,本田还把摩托车改装得更轻巧,一经推出便赢得满堂彩,因而获颁"天皇赏"。

随后他的摩托车又外销到欧美,赶上了战后的婴儿潮。20世纪70年代,本田公司开始生产汽车并获得佳评。

如今,本田汽车公司已经成为日本最大的汽车制造公司之一,其在美国的销售量仅次于丰田。

心智启迪 本田的成功,除了因为具有好的制造技术,还有赖于他对所做的事深具信心与毅力。正如他自己说的:"别轻易放弃,否则你会失去一切。"生活中,我们不可能每时每刻都称心如意,在逆境中坚持并不忘目标与责任,是一个男子汉应有的品质。

生命的养料

一个小男孩长着参差不齐且突出的牙齿。他很少与学生们一起玩耍,老师叫他回答问题时,他也总是低着头一言不发。

有一天,小男孩的父亲从邻居家讨了一棵树苗,他想把它栽在房前。他叫来小男孩,对他说:"如果你栽的树苗长得好,我就给你买一件礼物。"

悲观的小男孩突然萌生出一种异常的想法,希望自己栽的那棵树早点死去。

因此,在浇过一两次水后,他再也没去管它。

几天后,小男孩再去看他种的那棵树时,惊奇地发现它不仅没有枯萎,而且还长出了几片新叶子。

后来,父亲兑现了他的诺言,为小男孩买了一件礼物,并对他说:"孩子,从你栽的树来看,你长大后一定能成为一位出色的植物学家。"

从那以后,小男孩慢慢变得乐观向上起来。

　　一天晚上，小男孩躺在床上睡不着，忽然想去看看自己种的那棵小树。当他轻手轻脚地来到院子里时，却看见父亲在为自己栽种的那棵小树施肥。直到这一刻，他才明白一切。他返回房间，泪流满面。

　　岁月流逝，几十年过去了，那个小男孩虽然没有成为一位植物学家，但他成了美国总统，他就是富兰克林·罗斯福。

心智启迪　　即使目标离你还很遥远，但只要你不断尝试并多次调整方向，始终不屈不挠，那么在未来的某一天，你一定会收获累累硕果。因为你已经为自己贮存了生命的养料——永不放弃的精神。

4. 勇往直前

人生台阶

一天，一个1周岁左右的小男孩跟随妈妈来到公园的广场前，要上有十几个阶梯的台阶。

妈妈要扶他，小男孩却挣脱开妈妈的手，他要自己爬上去。

他用胖胖的小手向上爬，他的妈妈也没有抱他上去的意思。

当爬上两个台阶时，他就感到台阶很高，回头瞅一眼妈妈，妈妈没有伸手去扶他的意思，只是眼睛里充满了慈爱和鼓励。

小男孩又抬头看了看，他放弃了让妈妈抱的想法，还是手脚并用小心地向上爬。他爬得很吃力，小屁股抬得老高，小脸蛋通红，那身娃娃服被弄得都是土，小手也脏兮兮的，但他最终爬上去了。

这个勇敢的小男孩就是美国第16任总统——林肯。

心智启迪 人的一生有无数级台阶，如何攀登这些人生之阶？其实，最佳的答案是——人生的台阶靠自己的力量一步一步地走上去！

塑造新的自我

1958年，张华荣出生于江西省南昌县麻丘镇厚溪村一个穷苦人家。

1965年，张华荣开始上学，正赶上"文化大革命"，初中读了没几天就因家贫辍了学。

张华荣20岁时就当了兵，他想通过当兵摆脱种田的命运，但没有成功，23岁时复员又回到家乡。当兵前后，他做过木工、补锅匠、油漆匠，还做过各种小生意。

1984年，张华荣到浙江进鞋子，拿到江西卖，赚到第一桶金。

后来，张华荣回到家乡，和家里人一起凑了4000元钱自己开厂，买了3台缝纫机，请了8个人，一天做十几二十双"北京布鞋"。

他的第一个厂叫"南昌县麻丘厚溪青春鞋帽厂"，后改为"南昌华荣鞋厂"。到了1991年，这个鞋厂已完成原始积累，有员工200多人，资本超过100万。这时，一个诱人的机遇摆在了张华荣面前。

1992年，一个姓叶的台湾人找到了张华荣，他在香港注册了一家"香港光荣公司"，要与张华荣合作。10月，张华荣和他的"南昌华荣鞋厂"正式与"香港光荣公司"合资。他的名字里有个"华"，台湾人的名字里有个"坚"，这就是"江西华坚有限公司"名称的由来。

但是，出乎张华荣意料的是，台湾人骗他买了很多机器，搞了很大的厂房，但他们没有投一分钱，也没有给一份订单。张华荣苦撑到1994年，已经亏得一塌糊涂。这时他不得不走回老路，重新做外销，通过江西轻工业公司接外贸订单。他对每一单的质量、价格、交货时间都严格把关，从不输给浙江人。就这样，两年的时间，他又赚回了不少钱。

后来，张华荣笑言："没有想到这个被骗出来的'华坚'，今天还挺有名气的。"

然而，好景不长，欧共体举起了反倾销大棒。"华坚"很快笼罩在阴影之下，欧洲订单全部取消。张华荣觉得江西已经干不下去了。

1996年5月，张华荣独自一人带着几十万，来到广东东莞。然而，初到东莞的热情很快被磨灭，由于在江西做的是布鞋，而在东莞要做女鞋，且用上了现代化的机器。"华坚"没有管理人才，也没有稳定的订单，全靠张华荣自己琢磨，很快便负债累累。

1997年年底，世界著名的鞋业贸易商派诺蒙看中了张华荣，第一张订单就给了他30多万双。

经历了三起三落，张华荣的事业终于步入平稳发展期。

2002年1月，张华荣已敏感地意识到在东莞生产成本正在抬高，他回到江西，投巨资兴建了赣州华坚国际鞋城，作为华坚集团的生产基地。

如今，"华坚"成了东莞鞋业中自觉进行"产业转移"的先锋，成为中国鞋业少有的一个成功范本。

心智启迪 当我们陷入困境时，更要奋发向上，勇往直前，这样才能拥有清醒的头脑，从而正确判断当前所面临的局势，最终走出困境。正如原一平所说："无论面临何等艰难的事，只要有恒心和毅力，定能从中培养出无比的热忱与信念。唯有此种热忱与信念才能塑造出新的'自我'，这一新的'自我'就会带领你抵达新的人生境界。"

选择不断成功

吉姆从小家里就很穷，但是父母给了他很多关怀和爱。他懂得"人穷志不穷"的道理，他最大的理想就是在运动领域取得成功。

在吉姆的高中时期，有一位教练非常欣赏他在足球上的潜力，而且还教导他如何树立自信心。他经常对吉姆说："拥有一个梦想和足够的自信，会使你的生活变得不同。"

有一次，教练对吉姆所做的一件特殊的事情，永远地改变了他的生活。

这年夏天，一个朋友推荐他去做一份暑假工。对于家境贫寒的吉姆来说，这是一个既能减轻父母压力，又能赚取生活费的机会。这份工作对他充满了诱惑力，让他满心欢喜了好一阵子。

然而，他很快意识到，如果去做这份工作，就必须放弃暑假的足球训练，想到这里，他便担心起如何向教练解释的问题。

后来，他还是鼓起勇气对教练说他要去打工，而教练真的像他预料的那样，很失望，还很气愤。

"你有一生的时间可以去工作,但是,你练球的机会是有限的,你根本浪费不起。"教练忧心忡忡地说。

吉姆低着头站在一旁,努力地向教练解释,他的梦想是给父母买一座大房子和赚很多钱,即使这么做让教练对他失望,他也认为是值得的。

"吉姆,你做这份工作能挣多少钱?"教练打断他的梦想理论问道。

"每小时2.25美元。"吉姆轻声地回答说。

教练继续问他:"你认为,一个梦想就值一小时2.25美元吗?如果是这样,那么梦想将变得多么廉价啊……"

听了教练的这句话,吉姆陷入了深思。经过这一次,他认识到了立刻得到的某些东西与树立一个远大目标之间的不同之处。

那年暑假,吉姆全身心地投入到足球训练中。

后来,他被一个足球队挑选去做球员,并与球队签订了一份价值3万美元的合约。后来,他得到了足球奖学金,这使他获得了接受专业教育的机会。

1984年,吉姆与一个国家队签署了180万美元的合同。他终于实现了自己的梦想,为父母买了一座很豪华的房子。

心智启迪 人生中,一个人要面对很多重大选择,例如你想拥有一时的成功和不断的成功。虽然人人都知道能够获取不断的成功才是最重要的,但有些人由于无法抵挡一时的成功带给自己的利益的诱惑,放弃了对不断成功的追求。殊不知,在关键时刻所做的选择将会决定你的一生是平庸还是超凡。

用微笑应对灾难

一天,一位商业家从他的办公楼走出来,刚走到街上,就听见身后传来"嗒嗒"的声音,那是盲人用手杖敲打地面引路而发出的声响。

听到声响后,他愣了一下,缓缓地转过身。那个盲人感觉到前面有人,立刻打起了精神,上前说道:"尊敬的先生,您一定看出我是一个可怜的盲人了,能不能占用您一点时间呢?"

商业家说:"我要去见一个重要的客户,你有什么话就快说吧。"

盲人在一个包里摸索了半天,掏出一个打火机,放到商业家手中,说:"先生,这个打火机只卖1美元,这可是最好的打火机啊。"

于是,商业家掏钱买下了那个打火机。

盲人用手摸了摸那张钞票,竟然是100美元。他用颤抖的手反复抚摸这张钞票,感激地说:"您是我遇见过的最慷慨的先生!上帝保佑您!"

接着,盲人继续说道:"您不知道,我并不是一生下来就是瞎的,都是因为20年前化工厂的那次事故,太可怕了!"

商业家听后吃了一惊,问道:"你是在那次化工厂爆炸中失明的吗?"

盲人仿佛遇见了知音,兴奋得连连点头,说:"是啊。那次炸死的人就有93个,受伤的人有好几百,当时可是头条新闻啊!"

盲人想用自己的遭遇打动对方,争取多得到一些钱。

于是,他又可怜巴巴地说:"我真可怜啊!到处流浪,孤苦伶仃,吃了上顿没下顿,死了都没人知道。"他越说越激动:"您不知道当时的情况,火一下子冒出来了。逃命的人们挤在一起,我好不容易冲到门口,可是一个大个子在身后大喊:'让我先出去!我还年轻,我不想死!'说着,他把我推倒了,踩着我的身体跑了出去,我失去了知觉……等我醒来,就成了瞎子,命运真不公平呀!"

商业家听完这一番话,冷冷地说:"事实恐怕不是这样吧?你说反了。"

盲人猛然一惊,用空洞的眼睛对着他。

商业家一字一句地说:"我当时是那家化工厂的工人,是你从我身上踏过去的。你长得比我高大,你说的那几句话,我永远忘不了!"

盲人发了好一会儿呆,突然一把抓住商业家,发出一阵大笑,说道:"这就是命运啊!多么不公平!你在里面,现在出人头地了。我跑了出去,却成了一个没有用的瞎子。"

商业家用力推开盲人的手,举起了手中精致的棕榈手杖,平静地说道:"你知道吗?我也是一个瞎子。也许你相信命运,但是我不信。我之所以成功,是因为我可以微笑着应对灾难。"

心智启迪 敢于承受一切羞辱和灾难需要巨大的勇气,需要非凡的毅力,同样也需要卓越的才智。只有这样的人才称得上是真正的强者,才能步入优秀者的行列。正如松下电器创始人松下幸之助所说:"自古以来的伟人,大多是抱着不屈不挠的精神,从逆境中挣扎奋斗来的。"所以,即使你面对很大的灾难,你同样可以微笑着面对生活,命运依然掌握在你的手中。

精诚所至,金石为开

巴毅出生在安徽省太和县的一个小乡村。贫穷的父母给儿子取名巴毅,巴望儿子性格坚毅,将来能有出息。

大学毕业后的巴毅被分配到太和县司法局,成了村子里第一个穿上制服的国家干部。

但没过多久,巴毅的奶奶由于有病家里无钱医治而猝然离世。这让巴毅暗自起誓:"我要赚钱!我要成功!"

于是,他辞去了"铁饭碗"的工作,只身来到重庆开始另一段人生之路。

一个偶然的机会,在一个面包店老板丢下的报纸上,巴毅看到了一条江北区某单位招聘的信息。

他步行12千米,来到了位于重庆市九龙坡区谢家湾的广州白云山制药总厂重庆办事处。在这里,他得到了一个做推销员的机会。当时,对于药厂和医药企业而言,颇负盛名的第三军医大学大坪医院是他们角逐重庆的"战略要地"之一。而巴毅所在的白云山制药总厂重庆办事处必然竭尽全力,需要派出"精兵强将"。

这时,巴毅自告奋勇:"让我试试吧,我相信我能行。"然而,在那里,巴毅吃了无数次的"闭门羹"。

他告诫自己："永远都不能放弃任何机会,就算只有千分之一的机会也要争取。"

于是,他一次次地怀揣资料守候在大坪医院负责药品采购的药剂科主任办公室门口。由于长时间的奔波劳累,元气闷热,汗流浃背的巴毅中暑休克在了药剂科门口。

正所谓:"精诚所至,金石为开。"药剂科主任终于被巴毅的执着所打动,看了他提供的资料,了解了他的产品。从此,广州白云山制药总厂与大坪医院建立了友好的业务合作关系。巴毅也因此赢得了领导和业界的尊重。

11年后,由于广州白云山制药总厂改变销售战略,重庆办事处被撤销了。厂里建议巴毅去广州发展,深圳的几家医药企业纷纷用高薪聘请他,但是,巴毅都一一谢绝了。

有人问他:"辛辛苦苦拼搏了那么多年,现在终于可以拥有更好的发展平台了,为什么要放弃这样难得的机会呢?"

巴毅笑着回答道:"因为这个时期是我人生的转折点,我决心要彻底地超越自我。然而,想要超越,首先必须将之前的一切归零,重新出发,这样才能发掘出更广阔的奋斗空间。"

巴毅怀着这样的信念,在2000年6月,筹资创办了属于他自己的企业——重庆奥康药品有限公司。

两年后,巴毅开始了扩张的步伐,在北京、成都等地设立了分支机构。2002年,巴毅收购了重庆长风医药有限公司。

如今,巴毅已经将重庆奥康药品有限公司发展成了重庆医药界有名的商业公司。

心智启迪　成功的人分为两类。第一类成功者是众所周知的"财产继承人",他们出生在富贵之家,拥有充足的储备资金,如果自己能够沿着父辈的成功之路继续走下去,就会更加成功。而第二类成功者与前者不同,他们没有显赫的家世背景,都是白手起家,依靠自己奋斗取得成功。他们在面对挫折与困境时,从不退缩,时刻将自己的命运掌握在自己的手中。

走自己的路

　　1987年,冯军考入清华大学土木系建筑结构专业。上大一时,他想转到建筑系,没成功;上大二时,他为东欧留学生在秀水街做生意当翻译,酬金每小时5美元;上大三时,他学习了国际金融与贸易;上大四时,他托福考了630分,但没能出国,因为拿不出出国需要的各种费用。

　　1992年8月10日,他毕业后被分配到了一家建筑工程公司。在单位待了半个小时,听说自己将被派往马来西亚,冯军毫不犹豫,起身走了。

　　从"前单位"出来,冯军口袋里只有200多块钱,他跑到了中关村。冯军有一个学生在中关村干得很好。他和学生商量,在6平方米的柜台里摆一张桌子,占三分之一的面积,付二分之一的钱,从此和学生做起了推销键盘、机箱的小生意。

　　一天,冯军一手拎着键盘,一手抱着机箱,满脸堆笑着凑到柜台:"看一眼今天的最新款。"说话间冯军已经将机箱送到了老板的眼前。

　　冯军已经来过好几次了,老板没法再不理睬:"这东西不错,我的用户需要的时候,我再找你吧!"

　　冯军不信这句中关村的套话,他站着不走:"看不见货,客户怎么可能要?"老板答应冯军可以将机箱放下帮着代销。

　　冯军没钱压货,他必须拿回现金才可以周转,于是他还是执着地站在那里不走:"你可以给我一张晚期支票,现金当然最好。一月之内,你卖不出去,我保证退款。你看我每天都来,不会跑掉……"

　　冯军刚开始推销的键盘和机箱都是"小太阳"品牌。经过两年的努力,小太阳键盘月销量达到3万个,占中国北方市场的70%。

　　1993年,冯军创立了华旗资讯数码科技公司,其营业额连续十年每年保持60%的稳定增长,产品远销北美、欧洲、东南亚等地区。

　　1996年底,华旗成为美格的总代理。美格的一款产品当时定价为4300元,是中关村最贵的彩显。

　　1997年,他又创建了"爱国者"品牌,而"爱国者"移动存储产品市场销量连续三年遥遥领先，带动中国移动存储行业迅猛发展，成为中国第一个大规模领先于国际市场的IT产品领域。

2001年，日本索尼在全世界都没有独家代理，但为冯军破了例，将索尼摄像机的中国北方地区总代理交给了他。

心智启迪 我们应该有这样的信念——"走自己的路，让别人说去吧。"生活中，难免会遇到一些外界的压力和刺激，如果缺乏这些压力和刺激，那么一个人智力的发展和人格的形成就会受到影响，出现智力迟钝和人格偏离。所以，要感谢那些折磨你的人。

5. 立即行动

你必须行动起来

一天，成千上万的人聚集在会场，目的是听一场演讲，而主讲人就是著名的演讲大师齐格勒。

演讲终于开始了，齐格勒向大家问了好。

齐格勒先问了大家一个问题："如何能将世界上牵引力最大的火车头停在铁轨上？"

人们的答案都不一样，但有一个共同点，就是需要很大的力量才能让它停止。

这时，齐格勒摇了摇头，缓缓地说："不，我们只需在它8个驱动轮前面塞一块一寸见方的木块，这个庞然大物就无法动弹了。不过，一旦这个巨型火车头开始启动，这小小的木块就再也挡不住它了；当它的时速更大时，一堵5尺厚的钢筋混凝土墙也能轻而易举地被它撞穿。"

看着大家若有所思的表情，齐格勒接着说道："从一块小木块令其无法动弹，到能撞穿一堵钢筋混凝土墙，火车头的威力变得如此巨大，原因不是别的，因为它开动起来了。做一件事情，只要开始行动，就获得了一半的成功。"

人们听了这番话，都静了下来，陷入了沉思。

心智启迪 无论何时，都要记得："纸上得来终觉浅，绝知此事要躬行。"站在梯子前，双手插在口袋里的人当然爬不上去。这就好比一个人天天只是思考如何能取得成就，却从不付诸实践，那么，他的梦想最终也只能是梦想，无法成为现实。其实，人的力量会变得巨大无比，许多令人难以想象的障碍也会被你轻松突破，当然前提是：你必须行动起来。

不能光做"思想家"

以前，有一个年轻人很想飞黄腾达，创造不平凡的事业。

一天，他来到了一个大山里，寻找一位老者——一个有名的思想家。

年轻人历尽千辛万苦，终于找到了老人。他迫不及待地询问："您成为著名的思想家，成功的关键是什么？"

"多思多想！"老人简练地回答。

年轻人若有所思地点了点头，回到了家中，一言不发地躺在床上，望着天花板，一动也不动。

一个月后，年轻人的弟弟匆匆忙忙地跑来找那位思想家，说："请您去看看我哥哥吧！"

老人问："他怎么了？"

年轻人的弟弟说："自从那天他从您这儿回去后，就像中了魔一样，整天躺在床上，不言不语。"

老人叹了口气，跟着年轻人的弟弟到他家中一看，只见到一个骨瘦如柴的人。

年轻人见他们进去，正拼命挣扎着想要爬起来，他对老人说："大思想家，我每天除了吃饭，就一直在思考，您看我离伟大的思想家还有多远的距离？"

老人见状，回答道："你整天只想不做，离成功越来越远了。"

年轻人十分惊讶："我完全是照着您的意思做的呀，怎么会越来越远了呢？"

"只想不做的人只能生产思考垃圾……"老人边摇头边说道。

心智启迪 克罗齐曾经说过:"人类用认识的活动去了解事物,用实践的活动去改变事物;用前者去掌握宇宙,用后者去制造宇宙。"如果你只做"思想家",那么属于你的"宇宙"永远都不会出现。

知道不如做到

有一个猎人要去打猎,他带着袋子、弹药、猎枪和猎狗出发了。在他出发的时候,很多人都劝他在出门之前把弹药装在枪筒里。但是,他还是带着空枪走了。

一边走还一边嚷道:"废话!以前我没有去过吗?我真正到达那里,还需要一个钟头,哪怕我要装上100回子弹,也都有的是时间。"

然而,就像命运女神在嘲笑他的想法似的,还没有等他走过开垦地,他就发现一大群野鸭浮在水面上。平日里一个乡村猎人一枪就能打中六七只,毋庸置疑,如果他出发时在枪筒内装好了子弹的话,真够他吃上一段日子的。他匆匆忙忙地装着子弹,可是野鸭发出一声声鸣叫,一起飞走了,高高地在树林上方排成长长的一列,很快就不见了踪影。

他穿过了几条狭窄曲折的小径,在树林里来来回回地奔跑搜索,但他连一只麻雀也没有见到。往往事情就是这样,一桩不幸又惹起了另一桩不幸:此时,天公不作美,一声雷电,大雨倾盆而下。雨水淋湿了猎人的全身。无奈之下,他拖着疲乏的身体走回家去了。这些还不是致命的,最可悲的是,他埋怨的不是他自己,而是命运。

心智启迪 每个人在一生中,总会有种种的憧憬、种种的理想和种种的计划。如果你能够将一切的憧憬都抓住,将一切的理想都实现,将一切的计划都执行,那么,无论你想获得怎样的成就,你想拥有怎样的人生,都会变得伟大而又现实。但是,有些人往往是有憧憬不能抓住,有理想不能实现,有计划不去执行,最终坐视一切化为泡影。

想到不如做到

1934年,曾宪梓出生在广东省梅县的一个贫农家庭。在曾宪梓4岁的时候,父亲就去世了。

1961年,他从中山大学生物系毕业后,被分配到中国科学院广州分院工作。

1963年,曾宪梓取道香港去泰国。在泰国,曾宪梓跟着叔父和兄长做起小本生意来。

1968年,曾宪梓从泰国回到香港。他把租住的房间作为厂房,拿起了剪刀,缝制领带。起初因为没有客户,他便自己去推销。

就这样,曾宪梓的"一人工厂"诞生了。他为自己定下每天制作、销售60条领带的目标,因为只有这样,他获得的利润才够维持一家人的生活。他还做了大量的市场调查,研究领带的花色、款式的新潮流。

曾宪梓坚信自己一定可以凭借手中的剪刀开辟出一个男人的世界。于是,他硬着头皮向各个服装店推销自己设计的领带,还把眼光投向了商场、百货公司。经过无数次的努力,曾宪梓做的领带终于得到了市场的认可。

1970年,曾宪梓注册成立了"金利来(远东)有限公司"。

第二年,中国乒乓球队再次囊括世界杯所有奖牌,凯旋途经香港,应邀在港举行乒乓球赛时,香港的无线电视台得到了乒乓球表演赛的独家转播权。精明的曾宪梓则包了这次乒乓球表演赛的专题广告,还请来当时著名男歌星来做金利来产品的介绍。

"金利来,男人的世界"这句广告词,在几百万香港人的口中广为传诵。到了20世纪80年代,曾宪梓开始向海外扩张自己的市场。

在成功地将市场扩张到了新加坡、马来西亚等地区后,他又将目标转向了中国内地,在这里,他同样采取了广告先行的战术。

从1981年开始,他就不断利用内地最有影响力的传媒,连续展开"金利来攻势",使"金利来领带,男人的世界"长期占据报纸的重要版面和电视的黄金时间。一直持续了整整两年,但不投入市场。

直到1983年，曾宪梓认为，内地的求购者对金利来领带的渴望程度已经很高了，他才将首批金利来领带送到了中国内地各大城市的大商场中。1990年，金利来领带仅在中国内地的营业额就达4亿多人民币。

心智启迪 日本创造学家说："所谓能力，从某种意义上讲只不过是一种心理状态，能够做多少，取决于自己想做多少，你是你认为的那种人。"世界上的每一个人，都具有无穷的潜力，此种能力是与生俱来的。所以，在有限的人生中，不要发出"不甘心一生平庸，却没有资本和金钱"的牢骚，应当把自己真正喜欢的事情做好。无论何时，你都要懂得一个常理——想到不如做到，后到不如先到。